KB167536

내 언어에 속지 않는 법

# 내 언어에 속지 않는 법

초판 1쇄 발행.    2019년 8월 26일
개정판 1쇄 발행. 2021년 9월 10일

—

지은이.    허새로미
펴낸이.    조미현

—

책임편집. 정예인
디자인.    유지원

—

펴낸곳.    (주)현암사
등록.      1951년 12월 24일 제10-126호
주소.      04029 서울시 마포구 동교로12안길 35
전화.      02-365-5051
팩스.      02-313-2729
전자우편.  editor@hyeonamsa.com
홈페이지.  www.hyeonamsa.com

ISBN  978-89-323-2163-9  03700

# 내 언어에
## 속지 않는 법

허새로미 지음

Language Learning
for the Heartbroken

ㅎ 현암사

# 들어가며

마음이 소란하던 어느 날 나 스스로를 위로하기 위해, 그리고 학생들을 돕기 위해 블로그에 쓰기 시작한 글들이 모여 정말로 책이 되었습니다. 이 책 한 권을 쓰기 위해 내 주변의 많은 소중한 사람들과의 이야기를 써먹었어요. 말에 대해 글을 쓰는 지난한 과정을 응원하고 지켜봐준 나의 오랜 학생이자 친구인 윤미 씨, 수진 씨, 세연 씨, 고마워요. 그리고 예정 씨, 유경 씨를 비롯한 정열적인 수강생들에게 항상 감사합니다. 덕분에 두어 명씩 앉아 있는 강의실에 들어와야 하는 날들을 버틸 수 있었어요. 나의 철학과 언어에 대한 믿음을 공유해준 학생들이 없었더라면 나는 진작에 그만두었을 거예요. 3년간 단 하루라도 와준 모든 분들에게 고마움을 전합니다.

멀리서도 언제나 내 인생의 중요한 결정을 함께 고민해준 Michelle & Neil, 소중한 '개 모임' 민지, 청미, 은혜, 오랜 시간 동안 글과 말 사이에서 헤매는 나를 믿고 기다려주신 천재 편집자 예인 씨.

그리고 나의 선생님 Cille. 당신이 글쓰기 수업에서 나를 불러내 "너는 작가다. 계속 써야 한다"라며 작은 노트를 선물했던 날을 아직도 기억합니다. Thank you. What you told me that day keeps me going. You're the best teacher I've ever had.

그리고 이 책을 읽는 당신이, 말을 해도 하지 않아도 혼란하고 슬퍼지기 쉬운 그런 날에 작은 위로와 힘을 얻기를 바랍니다.

2019년 8월
허새로미

# 차례

2부. 영어라는 렌즈

# 1부

## 나를 속이는 말

Words
that Deceive

# 스몰토크의 힘

뉴욕에 처음 도착했을 때를 기억한다. 바로 전날까지만 해도 평년보다 따스한 날씨가 지속되다 갑자기 밤새 기온이 뚝 떨어졌다고 했다. 고개를 들어 불평할 여유도 없을 만큼 숨 막히는 추위에 꾸물꾸물한 회색 하늘이 내가 처음 만난 뉴욕이었다.

검색대를 지나 밀고 나오는 길에도 너무 무거워 세 걸음에 한 번씩 나를 멈추게 했던 이민 가방에는 생뚱 맞게 김이 그렇게나 많이 들어 있었다. 집에서는 내가 마치 캠핑이라도 떠나는 듯 코펠을 싸주었고 나는 저항할 힘도 없어 그 짐을 받아 들고 비행기를 탔다. 한 번도 자식을 유학 보낸 적 없는 부모는 휴대용 냄비와 대용량 포장 김을 커다란 짐 가방에 쑤셔 넣으며 주문처럼

다 필요할 거라고 했다. 돌덩이처럼 무거운 배낭에 크로스백 하나에 커다란 이민 가방, 그리고 더플백이 또 하나 있었다. 기내에서 내릴 준비를 하다 당황해서 빈 쇼핑백에 옷을 쑤셔 넣는 바람에 오히려 짐을 더 늘리기까지 했다.

그리고 나는 10킬로그램쯤 나가는, 단단한 체구에 겁먹은 눈을 한 황구 한 마리를 데리고 있었다. 열네 시간의 비행을 견디느라 계속 덜덜 떨었을 개는 이동장 안에 똥오줌을 싸놓아 냄새가 났다.

팔이 세 개쯤 있었으면 좋겠다고 생각했다. 힘들고 무거운 게 문제가 아니고, 말 그대로 내게 딸린 모든 것을 한 번에 이동시키는 게 물리적으로 불가능했다. 목을 옷걸이처럼 썼다. 걸 수 있는 건 모조리 목에 걸고 어깨에 두르거나 멜 수 있는 건 서너 개씩 걸쳤다. 다리로 개가 든 이동장을 밀면서 몸으로는 짐 가방을 날랐다. 가다 서다 하는 나를 보다 못한 공항 직원이 와서 개 이동장 위에 작은 가방 하나를 얹어주고는 휙 가버렸다.

나는 그렇게 난민처럼 도착했다. 세상에서 가장 빛나는, 절대 잠들지 않는 도시에. 친구도 친척도 없었고 나를 마중 나온 사람도 없었다. 어찌어찌 택시를 잡았다. 택시 기사는 질색하는 표정으로 그 모든 짐과 개를 차곡차곡 실어주었다. '말이 통하고 집 구할 돈이 있으니 일단 가면 어떻게든 되겠지. 그 큰 도시에서 나랑 조용한 개 한 마리 같이 지낼 방을 사흘 안에 못 구할 이유 없지'라며 학교 가까운 곳에 에어비앤비를 3박 예약해뒀었다. 세 번째 밤이 지나면 이 손가락이 곱는 추위에 나와 개는 갈 곳이 없어질 예정이었다. 도와줄 사람은 아무도 없었다. 그 깨달음이 닥치자 나는 배가 고프지도 졸리지도 않았다.

노숙자 꼴을 하고 노숙자 처지가 되자 뇌에 비상 모드가 가동되었다. 나는 오로지 필요한 일만 하고 필요한 말만 했다. 너무 추워서 아무도 없는 거리에 서서 구글맵을 붙들고 필사적으로 이리 뛰고 저리 뛰었다. 인터넷에 나온, 조건에 맞는 방이란 방은 전부 체크한 뒤 전화를 걸었다. 뉴욕의 공인중개사들은 차갑고 거만했다. 집 보러 오는 사람은 너무 많으니까 이것저것 묻지 말고 일단 오라며 전화를 끊었다. 학교는 맨해튼 다운타운에 있는데 나는 강을 건너 어디든 집을 보러 갔다. 전철을 두 번 갈아타고 또 버스를 타고 학교에서 한 시간 반 걸리는 공장 지대에 있는 집을 보러 간 적도 있다. 그래도 조그만 뒤뜰이 마음에 들어 계약하겠다고 하니 공인중개사는 이전에 방 보러 온 사람이 벌써 계약금을 걸고 갔다며 어깨를 으쓱했다.

　개는 조용히 혼자 스트레스를 견디며 용변도 보지
않았다. '빨리 쉬든 응가든 하렴' 중얼거리며 칼날 같은
강바람이 불어오는 거리에서 개를 산책시키고 있으면
낯선 사람이 이런 날씨에는 개를 데리고 나오면 안 된
다고 소리를 지르고 지나갔다. 울 시간도 없었다.

　와중에 학교에는 가야 했다. 새 학기가 시작되기 전
에 비영어권에서 온 학생들을 인터뷰한다고 했다. 대학
원 수업을 이수해낼 수 있는 언어 능력을 갖추고 있는
지 다시 한번 확인해봐야겠다고.

　담요 위에 엎드려 불안한 눈빛으로 나만 쳐다보고
있는 개를 방에 두고 하염없이 걸어 시험장에 도착했다.
내가 여기 공부하러 온 게 맞긴 하던가? 온갖 불안과 공
포 때문에 커피 한 잔 사 마시지 못한 상태였다. 4달러
짜리 라테를 마시면 갑자기 집 구할 돈이 전부 사라져
버릴 것만 같았다. 걷는 내내 구글맵을 들여다봐야 했
기 때문에 장갑을 낄 수도 없어 손은 차갑고 감각이 없
었다. 동네 슈퍼마켓에조차 들어갈 용기가 없었으니 그
때까지 누구와 대화다운 대화를 해본 일도 없었다.

　언어중추가 마비되었는지 내가 가진 모든 언어가
사라져버린 것 같았다. 영어는 물론이고 한국어로 글도

쓸 수 없었다. 일기를 쓰고 싶었는데 아무 말도 적을 수가 없었다. 내가 얼마나 무서운지, 불안한지, 울고 싶은지, 혀를 깨물고 싶을 만큼 이것저것 후회하는지 언어로 꺼낼 수가 없었다.

큰 방에 모인 학생들을 시험관이 한 명씩 데리고 다른 방으로 흩어져 갔다. 나도 로비에서 받은 뜨끈한 차를 한 잔 소중히 받쳐 들고 무심하고 건강해 보이는 시험관을 따라 작은 교실로 들어갔다. 그는 안경을 쓴 중년의 백인 여성이었고 미소를 지으며 나에게 물었다. "How are you?"

어떻게 지내냐니. 할 말이 너무도 많고 또 아무 말도 할 수가 없어서 모든 게 머릿속에서만 뱅뱅 돌았다. 나는 그냥, 어제 도착했다고 했다. 뉴욕이 이렇게 추운 줄 몰랐다고. 그는 당장 다음 주가 개강인데 엊그제에야 존 에프 케네디 국제공항JFK에 착륙했다는 대책 없는 학생을 처음 보았는지 놀란 눈치였고 내가 어디서 지내는지 물었다. 어디서 누구와 지내는지, 뉴욕 생활을 안내해줄 사람이 있는지, 새로운 환경을 어떻게 생각하는지에 대해.

말문이 열리고 두서없이 영어가 쏟아져 나왔다. 가장 어려운 공인영어시험 중 하나인 토플을 7년간 가르쳐왔던 나인데, 한국에서 인터넷 강의도 했는데, 아주 똑똑하고 자신 있는 사람인 양 남들에게 이래라 저래라 하는 것이 직업인 사람이었는데 절망적인 수준의 횡설수설이 시작되었다. 너무 많은 얘기를 한꺼번에 하고 싶었다. 내가 왜 여기 있는지, 어쩌다 내일 밤이 지나면 나와 똑같이 달리 갈 곳 없는 개 한 마리가 이 도시 어딘가에서 날 기다리고 있게 된 건지, 왜 미리 집을 구하지 않았는지, 왜 뉴욕을 택했는지에 대해. 얼마나 추운지, 얼마나 외롭고 무서운지, 동시에 이 외로움과 무서움이 남의 것처럼 느껴진다는 이야기도.

How are you? 나에게는 그 질문이 필요했다. 너 어때? 어떻게 지내? 무슨 일 있어? 지나가는 인사이자 지금 내가 어디 있는지에 대한 심원한 물음이기도 한 것. 아마 나를 인터뷰한 그는 이런 대답을 기대하지는 않았을 것이다. 다른 질문을 많이 준비해 왔을 텐데, 혹시 개에게 눈병이 생긴 건 아닌지 걱정이 되어서 오늘 아침에 인터넷을 두 시간이나 검색했다는 한국 여자애의 중언부언을 들으려고 출근한 건 아니었을 텐데도 그는 내가 할 말을 다 하게 내버려두었다.

인터뷰가 끝나고 처음 모였던 큰 방에 돌아가자 중앙의 테이블을 두고 면접 시험관들이 둥그렇게 모여 무슨 얘기를 심각하게 하고 있었다. 나는 그들이 당연히 면접 결과나 학생들에 대해 회의하고 있는 줄 알았다. 온갖 국적과 피부색과 언어의 학생들이 기다리고 기다리다 웅성거리기 시작할 정도로 그들은 무언가에 대해 길고 진지하게 토론하더니, 나를 불렀다. 우리는 모두 학교 부설 어학원의 선생님들이라고. 마침 이 중 한 명이 한국계 미국인이고, 한국 대학 교수의 딸이며 여동생과 함께 사는데 그 동생이 출장을 가서 천행으로 집에 방이 하나 남으니 집을 구할 때까지 거기서 지내는게 어떻겠냐고 했다.

나는 두말할 것도 없이 응낙했다. 천사가 나타났다고 생각할 수밖에는 없었다. 대학원에 입학하러 왔으니 신원이야 서류가 증명할지 모르지만 그래도 이역만리에서 날아온 낯선 사람을, 그것도 개와 함께 재워주겠다니. 주소가 숫자와 방위 이름으로만 이루어져서 익숙해지려면 백 년은 걸릴 것 같은 땅에 내가 아는 주소가 생긴다니. 초인종을 누르면 열어주는 문이 생긴다니.

하지만 내가 가장 마음 깊이 안심했던 건, 내 말을 들어주는 누군가가 있다는 것이었다. 한국에서 버려진후 입양 갈 데도 없는 황구를 기어이 내가 미국에 데려왔든 말든, 멍청하게 미리 집도 안 구하고 뉴욕에 와버

렸든 말든, 영하 10도의 추위에 온갖 짐과 개를 끌고 에어비앤비를 전전하며 인터넷의 가짜 광고에 속든 말든 그들과는 상관이 없는 일이다. 지루하지나 않으면 부담스럽게 안쓰러운 얘기일 뿐이다.

그러나 거기엔 질문이 있었고, 그래서 대답이 따랐고, 그들은 내 말을 믿어주었다. 내가 하는 얘기를 듣고 나의 처지를 헤아리려고 애썼으며 마침내 도움의 손길까지 내주었다. 그리고 나는 NYU 어학원의 선생님이자 한국계 미국인인 유나의 집에서 지내며 믿을 만한 공인중개사까지 소개받아 일주일 후에 방을 구했다.

그 이후로 시간이 많이 흘렀지만 나는 뉴욕에서의 그 첫 며칠을 자주 생각한다.

유나의 집에서 지내면서도 방을 구하는 일은 쉽지만은 않아서 하루 종일 도시를 헤매다 동네 식당에 들어가 우거지상을 하고 앉아있으면 직원이 물었다. How's it going? 어떻게 돼가요? 집을 구하고 있는데 쉽지 않아요, 너무 비싸거나 위험한 동네에 있거나 멀어요, 라고 대답하면 그는 소스 종지에다 케첩으로 나비를 그려주었다. 윤기 나는 케첩 나비가 집 구하는 데 보탬이 되진 않았지만 나는 점점 혼자가 아니라는 생각이 들었다. 어떻게 지내요? 잘돼가요? 하루에도 수백 수천 번씩 습관처럼, 대개는 허공에 흩어지고 간혹은 진짜 대화로 이어지는 그 인사들이 나를 알아보고 말을 걸어 주었다. 그 질문이 있는 이상 나는 혼자가 아니었다.

—

거대하고 쌀쌀맞던 뉴욕이 사랑하는 친구들의 도시가 되었을 무렵 나는 한 인도계 미국인의 에세이를 읽게 되었다. 미국의 독립기념일인 7월 4일을 맞아 '가장 미국적인 경험'을 이민자 작가들이 릴레이로 써내는 꼭지였다. 유년기를 인도에서 다 보내고야 미국에 와서 작가가 된 카란 마하잔Karan Ma-hajan은, 이민 초기의 자신에게 가장 곤혹스러운 것은 레스토랑이나 가게에서 스몰토크하는 경험이었다고 설명한다.

인도에서는 물건 사는 사람이나 파는 사람이나 쓸데없이 미소 짓는 가식을 떨지 않는다고, 대체 미국인들은 왜 주문받으러 온 사람의 셔츠를 칭찬하거나 공연히 말을 걸어서는 간단한 화폐 교환 행위를 떠들썩한 사교 행위로 만드냐는 요지의 불만을 가졌었다고 했다.

그러나 그 에세이에서 이제 작가는 자주 가는 스타벅스에서 바리스타와 편안하게 안부를 나누는 사이가 되었다고 했다. 어떻게 지내냐는 물음에 별일 없어요, 그냥 책 읽으며 지내요, 라고 대답한다고. 매일 별일이 없으면 매일 별일이 없다고 답하는 것, 그 미국적인 일상이 이제 자기의 일부가 되었다고.

그는 글의 마지막에 인도의 한 소설을 인용한다. 소설 주인공은 인도의 청년이며 태어나 미국 대학에 입학하려고 생전 처음 뉴욕에 오게 되는데, 퉁명스럽고 남 긴장시키기로 악명높은 JFK 공항 세관이 그의 여권을 받아 들고는 의례적으로 그에게 어떻게 돼가냐고 묻는 대목이다.[1]

JFK 공항에 도착해 세관 직원이 "어떻게 돼가요 How's it going?"라고 물었을 때, 고팔은 그가 아는 유일한 방식으로 대답한다:

나는 그에게 지금 내 머릿속에 있는 모든 문젯거리와 또 갖고 있는 희망을 전부, 그리고 솔직하게 얘기했어. 이기적인 미국인이 우리 지역의 헤어 오일 가격이 떨어지는 문제에 대해 신경이나 쓸지 모르

1   Karan Mahajan, ⟨My Struggle with American Small Talk⟩, 《The New Yorker》, 2016. 7. 4.

겠지만. 하지만 형제여, 그는 10분 동안 내게 눈을 맞추고 아주 조용히 들어주었어. 우리는 땅콩에 대해 다정하게 얘기를 나누었고 이윽고 그는 나에게 가도 좋다고 하더군.

나는 이 인도계 미국인에게 마음 깊이 공감하면서, 세관에서의 땅콩에 관한 대화와 언어 시험장에서의 개눈병에 대한 대화를 생각하면서, 미소 지으며 눈물지으며 같은 구절을 몇 번이고 몇 번이고 읽었다.

# 눈치가 말해주지 않는 것들

나는 어릴 때 눈치가 없는 아이였다. 분위기를 읽을 줄
몰랐을 뿐 아니라 분명히 내게로 향하는 냉소적인 빈정
거림이나 예의상 하는 말도 잘 인지하지 못해서 멍하니
홀로 남겨지는 일이 잦았다. 마음에 드는 친구가 있으
면 하도 옆에서 말을 걸고 귀찮게 굴어서 그 친구가 마
침내 치를 떨고 주변에 나의 악행을 고발할 때까지 쫓
아다녔고, 나에게 친절한 어른이 "나중에 이모 집에 또
놀러 와"라고 하면 언제 또 놀러가는지를 엄마에게 묻
고 또 물어 결국 호통을 듣곤 했다.

한번은 가족 모두가 한강에 놀러 갔다가 밤낚시에
푹 빠진 아빠를 남겨두고 엄마 손을 잡고 돌아오는데,
엄마가 평소 다니지 않던 길로 우리를 이끌었다. 당시

채 개발되지 않아 진흙투성이에 내 키만큼 자란 억새로 무성했던 그 길은 엄마와 함께 걸어도 무서웠다. 유난히 달이 밝은 것조차 불길하게 느껴졌다. 짧은 내 다리로 아무리 걸어도 아는 길이 나타나지 않는 것 같았다. 내가 "엄마, 우리 어디 가?"라고 묻자 지름길로 우리를 인도할 뿐이었을 엄마는 "너희 버리러 간다" 하고, 물론 장난으로 말했고 나는 울기 시작했다. 집에 오는 내내 울었다. 반면 한 살 차이밖에 나지 않는 남동생은 엄마의 말에 꿈쩍도 하지 않았다. 그때는 몰랐지만 지금 생각하면 이미 속으로 콧방귀를 뀌고 있었던 게 아닐까. 어딘가 버려질 줄 알았는데 집에 무사히 도착한 것은 다행이었지만 충격이 가시질 않아 아빠가 집에 올 때까지 소파에서 기다리다 잠이 들었었다.

　눈치라는 것은 너무 많은 사회적 기술을 포괄하는 개념이어서, 이제 사회화를 막 시작한 어린이에게는 버거운 과제였다. 모두가 조용히 하고 있을 때 나도 조용히 해야 하는 건 알겠는데, 최선을 다해 쥐 죽은 듯 있는 게 좋은 건지 조금씩 소리를 내도 좋은 건지 머리가 터져라 고민했다. 그러나 조용히 하는 게 항상 정답은 아니었는지 좀 크고 나서는 "왜 아무 말도 하지 않고 가만히 있었냐"라는 꾸짖음을 듣기도 했다. 아무래도 남

들이 하는 대로 다 따라 하는 걸로는 충분치 않은 것 같
았다.

언제 조용히 있어야 하고 언제 남들보다 앞서 이상
함을 감지하여 위험을 경고하는 똑똑한 아이가 되어야
하는지가 그다음 고민이 되었다. 아무 때나 모순을 지
적했다가는 어른들에게 큰 봉변을 당하기 일쑤였기 때
문이다. 눈치가 빠른 건 가끔 지나치게 알랑거리며 아
부하는 일이었고, 때로는 똘똘하게 처세하는 기술이었
다. 세상을 보이는 대로 믿어선 안 되는 거였다. 모든 신
호에는 암호가 걸려있었다. 그리고 사람과 친해지는 일
은 그 암호를 초 단위로 풀어내려 애쓰는 과정이었다.
날 속이려는 건 아니지만 진실만을 말하는 것도 아니
고, 나를 좋아하는 건 아니지만 다시는 안 보고픈 것도
아닌, 순간순간 불쑥 드는 감정을 남들에게 서둘러 덤
핑 처리하듯 떠넘기는 데 쓰이는 말들, 말들, 말들.

특히 대학생 때 까닭 없이 슬프고 세상에 혼자 남
겨진 듯한 기분이 드는 날은 보통 눈치가 발동하지 않
은 날이었다. 누군가 롯데월드에 가자고 제안해서 "그
래 그럼 빨리 가자" 하며 들떠서 서둘렀는데 사실은 아
무도 가고 싶어 하지 않았다든가, "너는 패셔니스타잖
아"라고 칭찬해줘서 기뻐했는데 말해놓고 몇 명이서 깔

깔 웃는 걸 보니 나를 놀리는 거였다든가 하는 일들. 시간이 지나며 나도 내가 속한 그룹의 암묵적인 룰을 익혔고, 섣불리 질문하거나 말을 꺼내지 않는 법을 익혔고, 누군가 '나대면' 속으로 안도하며 우월감을 느끼곤 했다. '눈치도 없이 나서긴, 아직 어른이 덜 됐구나, 나처럼 상황을 관망했어야지' 하면서. 집단의 분위기를 읽지 못하고 분투하는 사람을 볼 때면 몰래 편안함마저 느꼈다. '봐, 쟤는 눈치가 없어서 고생하잖아. 이 우월감은 내가 이미 여기 소속됐다는 걸 증명하는 거야. 나는 안전해.'

하지만 역시 흉내만 내는 것으로는 눈치 마스터가 될 수 없었다. 눈치라는 것은 그 집단의 최고 권력자가 만들어내는 것이기도 해서, 내가 사다리의 꼭대기에 오르기 전까지는 항상 주변을 탐색하고 은근한 신호를 읽으며 들리지 않는 말을 들어야 했다. 기 싸움이라는 걸 해야 한다고도 했다. 내 영역에 들어오는 사람을 만나면 항상 너는 내 아래일 뿐이라는 신호를 보내고, 은근한 멸시와 경계를 말 끝마다 꼭 얹어야 한다고. 그리고 상대가 나에게 같은 방식의 밀어내기를 시도하면 반드시 알아차리고 되갚아 주어야 한다고.

알아야 할 것은 끝없이 많고 내가 마음 놓고 좋아할

수 있는 사람은 너무 적었다. 가끔은 가족들마저 비밀스럽게, 때로는 한심하다는 듯이 속삭였다. "걔가 그런 말을 했어? 너 무시하는 거잖아. 그걸 듣고 가만히 있었어?" 듣고 보면 내가 파르르 떨며 분노해야 할 사안인 것도 같았다. '그러고 보니 요즘 눈치가 이상하긴 했어. 이걸 어떻게 갚아 주지. 언제 뭐라고 한마디로 칼날같이 쏘아주어야 시원한 복수가 될까. 지가 뭔데 나를 우습게 봐.'

하지만 어설픈 나는 할 수 없었다. 애초에 제대로 된 교본도 믿을 만한 선생도 없었다. 그러면 안 될 때 나는 너무 큰 소리로 화를 냈고 답답하면 솔직히 얘기하자며 사람들을 마구 불러내서 도망가게 만들었다. 적당히 빈정거리고 치고 빠지고 후일을 기약할 줄을 모르는, 타고나길 고장 난 수레였다.

그래서 눈치가 빠르고 분위기를 잘 읽는 사람을 항상 부러워했다. 다리를 뻗을 자리인지 아닌지 척 보면 알고, 누가 자기에게 우호적인지 사실은 비밀스럽게 미워하고 있는지 척척 아는 사람들. 그런 사람을 친구로 얻으면 편안하고 자신감이 생겼다. 세상의 어디가 늪이고 숲인지, 어느 자리를 골라 디뎌야 할지 의젓하게 알려줄 것 같아서. 하지만 그런 친구들은 자기가 눈치가 빨라 괴롭다고 했다. 누가 '밑밥을 깔면' 그 사람이 왜 그러는지, 앞으로 어떤 행동을 할지 뻔히 예상이 되는데 거기 장단을 맞추어줌으로써 존중을 보이고 싶지 않다는 거였다. 슬쩍슬쩍 건드리는 걸 전부 알아채고 반응하는 것 역시 상대에게 놀아나는 일이라는 거였다.

—

　　　　　　　　　단어가 내포하는 문화적 맥락이 큰 한국어를 구사할 때는 단 한 마디를 하려고 해도 '네'인지 '응'인지를 결정해야 한다. 상대가 나보다 나이가 많은지 적은지(그러니까 나이를 파악해야 한다), 학생인지 사모님인지, 아저씨인지 사장님인지, 나랑 친한지 안 친한지, 지금 내가 아쉬운 입장인지 상대가 부탁하는 상황인지를 순식간에 계산하고 판단해서 "주십시오"나 "줘봐요"를 선택한다. 눈치가 없으면 아주 능숙하게 구사하기가 힘든 언어다.

　눈치 nunchi 라는 단어는 영어 위키피디아에도 등재되어있다. '타인의 기분을 들어주고 읽어주는 미묘한 기술'이라고 정의한다. 설명을 보면 한국인들의 높은 사회적 민감성 high social sensibility 에서 비롯되는 능력이며 조화를 중시하는 한국 사회에서 남들이 말하지 않은 것까지 파악해야 하기 때문에 생겨났다고 한다. 눈치 있다는 것은 상황 파악이 빠르다는 평가인 동시에 상식이 있다는 말이고, 눈치 없다는 것은 맥락을 못 읽는 것부터 몰상식한 것까지를 망라한다고도 적혀 있다.

언어와 문화는 서로를 파고들며 꼭 붙어 함께 진화한다. 한국어가 말의 가장 작은 단위인 형태소까지 샅샅이 살펴야 상대의 의중을 파악할 수 있는 고도로 맥락화된 언어인 것은 우연이 아니다.

작은 차이가 얼마나 큰 뉘앙스의 변화를 만들어내는지 결정적으로 깨달은 것은 어느 여름날 축구 경기를 보면서였다. 캘리포니아에서 온 친구와 별 생각 없이 맥주를 마시며 눈으로 공을 좇고 있었는데, 그가 문득 생각났다는 듯 물었다. "아니야"와 "아니거든"의 차이가 뭐냐고. 나는 말문이 턱 막혔다.

'차이가 있긴 무슨 차이가 있어? 뭐 이런 걸 물어봐?' 몇 분간 입을 벌리고 허공을 응시하던 나는 친구에게 그 둘의 차이가 누구와의 관계에서 특히 중요한 문제인지 물어보았다. 그는 여자친구가 "아니야"와 "아니거든"을 말할 때 뭔가 태도가 다른데 그게 뭔지 자기는 알아낼 수가 없다고 했다. 오케이, 사적이고 친밀한 관계구나. 그러면 그런 관계에서의 "아니야"는 좀 더 순순히 no를 말하는 방식인가? 그러면 "아니거든"은 기분 나쁜 no겠지? 잠깐, "아니야"보다도 더 심상한 대답인 "아니"가 있지 않나? 굳이 "아니야"라고 말하는 것도 "아니"보다는 뉘앙스가 강한 거 아닌가? 그럼 대체 나는 어디부터 설명해야 하지? 한참 축구도 못 보고 두뇌를 풀가동하던 나는 하프타임이 시작할 즈음에야 간신히 "아니야"는 단순한 no, "아니거든"은 네가 지금 여자친구의 심기를 건드리고 있으니 조심하라는 신호일 가능성이 있는 대답이라고 말해줄 수 있었다.

그러나 대답을 해놓고 보니 더 큰 혼란이 남았다. 둘 다 똑같은 no인데 하나는 그냥 no이고 하나는 경고를 담은 no라고? 그러면 그걸 설명한 나는 그 둘의 차이를 인식하고 사용해왔던가? 나는 "아니거든"을 매번 상대를 언어적으로 약간 밀어내는 용도로 사용해왔으며 또 나에게 그 말을 들었던 모든 사람은 '애가 지금 신경 긁지 말라는 신호를 보내고 있구나'라고 이해했던 걸까? 어느 교과서에도 명시되지 않은 이것들을 우리는 모두 사회적으로 배워서 암묵적으로 합의해 조화롭게 소통하고 있는 걸까?

—

TV 채널을 돌리다가 어느 방송에서 "편하시게 골라주세요"라는 말을 들었다. 이사 준비를 위해 인터넷 검색을 하다가 마주친 한 블로그에서는 "이사하실 때 가구 보시러 다니시는 것도 고역이시잖아요"라는 문장을 읽었다. 존대어가 붙을 수 있는 곳마다 모두 붙어있었다. 그냥 "편하게 골라주세요"는 누군가의 기분을 상하게 할 가능성이 있는 문장이라고 판단한 것이다. "이사할 때 가구 보러 다니는 것도 고역이잖아요"는 상대에 대한 충분한 존중을 보이지 않는다고 느끼는 모양이었다.

생각의 단위마다 손을 봐서 문장을 죽죽 늘여야 누가 언제 기분 상할지 모를 사태를 미연에 방지할 수 있다. 그래서 또 언어와 문화가 결합해서 눈금이 옮겨가고 있는 것이다. 가능한 모든 부분에 추가로 신호를 덧붙여 상대가 자기를 높이지 않는다는 오해를 1초라도 하지 않도록. 문장은 어디까지 길어질 수 있을까. 나는 얼마나 완벽하게 상대의 모든 기척을 떠받들 수 있을까. 한 마디 한 마디가 스피킹 테스트 같다.

21세기도 4차 산업혁명도 진보를 그냥 가져오진 않는다. 위계 낮은 자가 위계 높은 자의 눈치를 보고 기분을 살피는 것이 한도 끝도 없이 바람직해지는 문화에서는 존중을 나타내는 표지가 한도 끝도 없이 길어진 언어가 뒤를 따른다. 언어가 문화에 반응하는 속도는 매우 신속하고 방향은 정확하다. 남들이 최선을 다해 존칭 어미를 사용하는 동안 나만 저항하겠답시고 직장 상사에게, 혹은 고객에게 짧은 문장을 말할 수는 없다. 모두가 의식적으로 흔들어 떨쳐내지 않으면 낮은 위계의 사람들은 중얼중얼 상소하듯 긴 문장을 읊다가 소중한 인생을 낭비할지도 모르는 일이다.

언어로 나와 상대의 거리를 잴 수 있다는 것이 얼마나 고도로 발전한 형태의 말하기인가를 생각해보면 한편 감탄할 일이기도 하다. 그러나 역시⋯⋯ 치렁치렁 피곤하다. 딱히 쓸데도 없다.

눈치 없는 사람을 보며 답답해하고, 또 혹시 내가 남에게 눈치 없는 인간은 아닐까 전전긍긍하는 뫼비우스의 띠 같은 삶. 말의 행간을 읽고 또 읽고, 상대의 표정을 슬쩍슬쩍 살피고, 때로는 하지 않은 말까지 읽어내야 하는 '눈치의 기술'을 연마하는 일은 한숨과 피로를 동반한다.

한국의 국적기 항공사들은 최고의 서비스를 제공한다고 한다. 그저 예의를 지키고 친절한 정도가 아니라

'불편한 눈치'를 주면 '알아서' 해결해준다. 일본의 고급 료칸에서는 손님이 산책 나갈까 생각만 해도 방 밖에 신발을 가지런히 가져다 둔다고 한다. 나의 눈치를 빠르게 캐치하여 들어주는 사람이 많을수록 나는 편안하다.

군이 말하지 않아도 알아서 모셔주는 사람이 많을수록 나는 힘이 센 사람이다. 눈치 사회에서 말을 적게 해도 된다는 것은 그 자체로 권력이다. 영화 속 부자나 갱단 두목이 손가락만 까딱해도 주위에서 필요한 것을 척척 대령하는 장면도 같은 이치다. 말을 적게 하는 것이 권력의 상징이 되면, 질문하고 자꾸 말 시키는 사람을 미워하게 된다. 나의 권위를 해치는 사람으로 보이기 때문이다.

눈치가 마냥 억압이고 폭력인 것만은 아니다. 분위기를 잘 읽는다는 것은 사회적 지능이 높고 협동적인 인간이라는 의미이기도 하다. 첫눈에 반한 사람끼리는 굳이 말하지 않아도 서로의 감정을 느낀다. 오랜 세월을 함께한 가족과 친구들은 기침 소리에도 상대의 뜻을 정확히 파악하곤 한다. 그러나 눈치가 너무 많은 지시 사항을 생략하는 준엄한 백지이고 우리가 거기에 뭐라도 적어야 하는 수험생일 때 할 수 있는 것은 별로 없다.

말이란 하는 사람이 바뀌나가야 한다고 믿으며 눈치의 시험장을 박차고 나가는 것이 최선인지도 모른다.

—

고등학교 때 영어 외의 제2외국어 과목을 하나 선택해야 했다. 프랑스어, 중국어, 독일어, 일본어, 아랍어 중 나는 프랑스어를 골랐다. 로맨틱하고 우아한 언어라는 막연한 환상도 있었지만 무엇보다도 영어와 비슷한 단어가 많으니 공부하기 쉽겠다는 기대가 컸다. 그 기대는 곧 산산이 부서지고 말았지만, 어쨌든 프랑스어는 아름다운 언어였다. 목구멍 안쪽에서 내는 숨 막히는 듯한, 발음하기 어려운 소리가 어째서 그렇게 귀가 간질간질 듣기 좋은지 신기할 따름이었다.

재미있는 건 또 있었다. 프랑스어도 한국어처럼 상대방을 부를 때 존칭 vous 혹은 비격식 tu을 택할 수 있다고 했다. 그래서 "당신의 이름은 무엇입니까?"를 두 가지 버전으로 말할 수 있었다. 우리는 vous는 '사장님'이고 tu는 '너'인 셈이니 서로 vous로 불러달라며 장난치곤 했다. 하지만 그때는 남을 부르는 2인칭에 격식체와 비격식체가 있다는 것을 배웠을 뿐 실제로 어떻게 구분해 사용하는지는 몰랐다. 서로 다른 그 호칭이 어떻게 현대 프랑스 사회에서 계속 논란이 되어왔는지 알게 된 것은 한참 후 외신을 읽을 수 있게 되었을 때였다.

원래 프랑스어의 vous는 상대의 사회적 지위와 나이에 존중을 담아 부르는 표현으로, 지금보다 훨씬 자주 쓰였다고 한다. '귀하' 혹은 '선생님'으로 번역되며 비즈니스 상황에서는 을이 갑에게, 길에서는 젊은이가 노인에게 쓰는 2인칭 대명사였다. 그러나 1793년 프랑스 혁명 당시 vous의 사용은 금지되었다. 모두를 동등한 사회 구성원으로 취급하는 혁명 정신에 위배된다는 이유였다. 대신 평범하게 '당신'이라 부르는 것에 가까운 tu가 널리 쓰이게 되었다. 그러다 드골 장군의 비호 아래 vous는 슬금슬금 자기 자리를 차지하는 듯 보였지만 1968년 학생운동을 계기로 다시 tu에게 밀려났다. 언어 사용자들이 합의하면 오랜 습관에 대항할 수 있다는 증거다.

SNS의 부흥과 함께 더욱 강력해진 비격식 언어의 세력하에서 프랑스어의 vous는 점점 더 설 자리를 잃어가고 있다. "tu로 불리느냐 vous로 불리냐느로 인해 야기되는 에너지 낭비와 혼란을 생각해보라. 우리는 단순히 you를 의미하는 대명사를 새로 만들어내야 한다"라는 주장도 심심치 않게 등장하고 있다.

　같은 직업을 가진 동료 시민에게 선배님이 아닌 ○○ 씨로 호칭했다는 이유로 뭇매를 맞은 한 젊은 배우를 생각해보자. 선배님이라 부른다 해서 없던 존중이 생겨나지 않는다. 이놈 저놈 하대한 것도 아닌데 ○○ 씨라고 불렀다고 해서 화들짝 놀라며 개념과 인성을 논하는 소동을 지켜보며 느낀 것은 우리는 아직 사회 구성원 간 호칭에 대한 합의가 미비하다는 것이다. 우리말에도 호칭에 목매던 시절을 지나, 동료 인간을 담담히 지칭하는 보편 언어가 필요한 때가 오고 있다.

# 한국어는 지면 안 되는 언어

중학생을 오래 가르쳤었다. 자립형 사립 고등학교나 특수목적 고등학교 진학을 준비해왔기 때문에 어려운 영어 지문을 읽고 문제 푸는 것에 또래보다 훨씬 익숙한 아이들이었다. 사춘기 아이들이었지만 크게 웃는 소리한 번을 듣기 어려웠다. 학교에서 오후 4시까지 수업을 듣고 또 바로 학원에 와서 캄브리아기의 화석과 미국 국립공원에 대한 기나긴 영어 지문을 읽으며 침묵을 지켰다. 아이들은 벌써 일생을 다 산 것처럼 지쳐 보였다. 하루 종일 좋아하는 아이돌 음악만 듣고 싶고 수학여행에 입고 갈 옷에 대해 고민하는 것이 세상에서 제일 중요해서 르코르뷔지에의 콘크리트 건축물이 하나도 경이로워 보이지 않는데도, 그들은 조용히 앉아 귀에 들어오지 않는 낯선 정보가 쏟아지는 지루한 시간을 견디고 있었다.

나는 이미 늙어버린 그 아이들을 좋아했다. 어차피 그들에게는 스쳐 지나갈 학원 선생이지만 앞으로 살아가야 할 삶을 조금이라도 견딜 만한 것으로 만들어주고 싶었다. 학원에서 아이들에게 요구하는 학습량은 어마어마했다. 글의 내용을 이해하고 질문을 품어볼 시간이 없었다. 그래도 나는 벌레 잡는 식충식물 동영상도 보여주고 앙리 마티스의 그림도 출력해서 교실 벽에 붙여 놓았다. 재미없고 긴 토플 지문이었지만 충분히 시간을 들여 읽으면 세상에 대해 중요한 이야기를 하고 있는 글이었기 때문이었다.

"질문은 아무 때나 해. 손 들 필요도 없어. 이상하다 싶으면 그냥 바로 물어봐."

하지만 질문하는 아이는 드물었다. 중고생과 수험생을 수천 명은 봐온 나조차 감탄할 정도로 집념과 추진력을 타고난 한두 명의 예외를 제외하고. 선생과 눈도 잘 맞추지 않으려는 대부분의 아이들에게 질문이란 아무 의미 없는 의식이었을 것이다. 아이들은 빈 눈동자로 책의 페이지를 훑고, 칠판을 멍하니 응시하고 최선을 다해 시키는 대로 했다. 그리고 나는 질문조차 없는 마음의 진공을 이해하는 어른으로서, 그 시기를 지나본 사람으로서 괴롭고 미안했다.

—

질문하기를 좋아하는 유년기를 보낸 사람이라면 "한마디도 안 지려고 한다"라는 말을 들어본 적이 있을 것이다. 질문하는 일은, 특히 어른에게 질문한다는 것은 그에게 던지는 도전장으로 간주된다. 질문이 가장 많아야 할 청소년기에 묻는 일 자체를 봉쇄당한다. 말로 어른을 이겨먹는 일은 말할 것도 없다. 반역이고 배신이다. 싸가지 없는 일이고 권위에 대한 도전이다. 논리로 아이를 이길 수 없는 성인인 내가, 문화와 언어의 힘을 빌려 비열하게 상대의 입을 막는다. 질문하지 않는 아이들 때문에 슬퍼했다는 나 자신조차, 곧잘 말대답하지 말라는 소리가 목구멍까지 꾸역꾸역 밀려나오는 걸 느끼고 아차 싶을 때가 너무 많았다.

아니 그런데, 이기면 좀 어떤가? 어차피 한국어는 언어적 밀치기에 최적화된, 일종의 말로 하는 닭싸움에 능숙한 언어다. 고객에 '님'을 붙이고도 안심이 안 되어 '께서'를 동원하여 혹시라도 기분이 상할 가능성을 원천 봉쇄하는 철저한 수준부터, 뭘 누구에게 달라는 것인지 주어도 목적어도 생략된 "내나"까지, 상상할 수 있는 모든 종류의 위계를 이 미세한 언어의 눈금으로 구분할 수 있다. 주문을 받으러 온 젊은 여성에게 중년 남자가 "여기는 뭐가 맛있어요?"라고 운을 떼며 무난한 경어를 쓰는가 싶더니 곧 "난 생선은 안 좋아하는데"로 슬슬 존대가 실종된 밀치기를 시도하고, 상대가 묵묵히 받아들인다 싶으면 "그럼 그거 줘봐"로 빠르게 무례해지는 일이 비일비재한 이 언어를 사용할 때, 한 마디도 안 지고 시작하는 것은 매우 중요하다. 한 마디를 지면 지기 때문이다. 모든 상호 소통은 어떤 면에서 왈츠이고 또한 전쟁이지만, 특히 한국어는 한시도 방심할 수 없어 피로한 전쟁터이다.

단순히 존대와 반말의 눈치 싸움뿐 아니라 주어를 자주 생략하고, 질문을 꺼리고, 말을 하다가 마는 것 모두 한국어 사용자가 끌려 들어가는 전쟁에 포함된다. 이는 사회에서 위계가 낮을수록 더 치열하게 치러야 하는 전투가 많음을 뜻한다.

미세함과 통제력의 정도야 다르지만, 존칭을 사용하는 언어는 한국어 외에도 많다. 2011년 프랑스 트위터에서 이 존칭의 문제로 큰 언쟁이 일어난 적이 있다. 한 언론사의 편집장이자 많은 팔로워를 거느린 로랑 조프

랭이 한 팔로워와의 대화 중에 "당신이 나에게 vous 대신 tu를 써서 말해도 된다고 누가 허락했느냐"라고 한 것 때문이었다. 한마디로 말싸움에서 밀리니까 "그런데 당신 몇 살이야?"라고 공격한 것이나 진배없다. 프랑스어에서의 격식체인 vous는 나이 차이가 많은 윗사람에게, 혹은 모르는 사람에게, 지위가 높은 사람에게 사용되지만 온라인의 익명인 대화 상대에게는 간단하게 tu를 쓰는 것이 암묵적인 룰처럼 되어있다. 얼굴이 보이지 않으니 나이나 행색이 그다지 중요하지 않은 온라인 세계에서는 더더욱 격식을 따질 필요가 없다. 이를 알면서도 비겁하게 굴었다며 조프랭을 비난하는 여론이 일었다. 조프랭은 다음 해에 트위터를 그만두었다.

이 사건 이후로 스페인어나 이탈리아어를 비롯한 다른 언어에서처럼 프랑스어에서도 2인칭 존칭이 점차 사라질 것인가에 대해 언어학적, 사회학적 질문이 생겨난 바 있다. 스페인어에서는 2인칭 존칭이 온라인을 중심으로 사라져가고 있으며, 심지어 이탈리아어는 오프라인에서 모르는 사람을 부를 때조차 비격식을 사용하는 일이 보통이라고 한다. 이를 감안하면 유럽 언어에서는 호칭에 스며든 위계가 흐려지는 것이 추세라고 짐작해볼 수도 있겠다.

한국어에서는 어떤 일이 일어나고 있을까? 애초에 한국어에는 만만한 2인칭이 없었지만, 우리가 상대를 '당신You'이나 하다못해 인터넷의 선물인 '님'이라고도 부르지 못하고 "고객님께서 말씀하시기로는……"이라 말할 때, 거기에는 어떤 유의미한 변화가 일어나고 있을까? 고객님, 사장님, 선생님……. 상대방이 갖지도 않은 직업을 호칭으로 만들어내야만 대화가 가능한 상황은 우리의 언어 세계와 인간관계에 어떤 영향을 미치고 있을까?

누군가 "너는 한 마디도 안 지려고 한다"라고 할 때 그건 사실 칭찬이다. 해당 언어의 본질을 내가 잘 파악하고 있다는, 자신이 한국어의 위계적 특성을 활용해 관계를 통제하지 못하도록 내가 가로막고 있어 불편하다는 신호이므로. 그래서 나는, 내가 가르쳤던 아이들이 어디 가서 거침없이 질문하고 할 말을 하는 어른으로 자랐기를 바란다.

내가 믿는 방식으로 언어를 가르치기로 결심하고 강의실을 떠나던 날 나는 작은 문고판 고전소설을 학생들 머릿수대로 샀다. 그리고 표지 날개에 적어서 건네주었다.

"남들과 달라지는 걸 두려워하지 마Don't be afraid to be different."

# 정이란 무엇일까

어릴 적 학교에서 급식을 받을 때 밥을 꼭 크게 한 주걱, 그다음엔 보통 주걱으로 두 번 퍼 주시던 영양사 분이 계셨다. 그는 보통 말없이 배식에만 열중했지만 가끔 혼 잣말처럼 "한 번만 주면 정 없으니까!"라며 리드미컬하 게 두 번째 주걱을 급식판에 탁 털어주곤 했다.

내가 기억하기로는 그때가 처음이었다. '정'이 실체 를 갖춘 무언가로 내 앞에 나타난 일이. 안 줬어도 상관 없었겠지만, 정량을 배식하기엔 너무 크거나 작은 주걱 때문일 수도 있었겠지만 어쨌든 내가 처음 목격한 '정'은 급식판의 오목한 곳에 떨어지는 두 번째 밥 덩어리였다.

그 이후 내 인생의 '정'들은 첫 번째 것만큼 명료하 거나 친절한 제스처를 포함하지는 않았다. 사귀던 남자

친구가 내게 정이 떨어진다고 말하거나, 엄마가 나더러 정이 없다고 나무랄 때나 한 번씩 들었다. 정이 어쨌다는 말 중에서도 정 떨어진다는 소리는 특히 좋지가 않았다. 나를 사랑하다가 그만 사랑하겠다는 선언인지 아니면 그냥 순화된 욕인지 알 수가 없었다.

국어 교과서에서 한국인만 가지고 있는 고유한 것이며 민족을 하나로 엮어주는 힘이라고도 말하는, 뭉클하고 포근하며 선한 것으로 묘사되는 그것, 대단히 중요하다고 추어올려지는 그 무엇. 사전을 찾아보면 "오랫동안 지내오면서 생기는 사랑하는 마음이나 친근한 마음"이라고 하는데 막상 사랑을 논할 때 사용되지는 않고(사랑한다고 말하는 대신 "너에게 정이 있다"라고 사랑 고백을 대신하는 사람은 없으므로) 사랑이 끝날 때나 "사랑이 없으면 정은 있어?"라는 이상한 문장에 등장하는 것. 사랑까지는 아니고 애착에 대해 말하는 것일까 생각해보면 또 애착보다는 뭔가 거대하고 끈질긴 무언가를 칭하는 듯한, 그 '정'이 진짜 무언지 궁금해한 적은 없었다. 인터넷에서 한 댓글을 읽기 전까지는.

—

〈며느라기〉라는 웹툰이 있다.

명절에 주로 불거지는, 배우자 가족과의 갈등에 대한 이야기를 며느리이자 아내의 입장에서 그린 만화이다. SNS에 연재되었는데 결혼한 여성들에게 폭발적인 반응을 이끌어내며 단행본으로도 출간되었다.

이 만화의 내용 중 주인공 부부의 갈등이 고조되는 과정에서, 주인공 여성이 남편에게 "오늘은 엄마와 단둘이 얘기하고 싶으니 먼저 집에 가"라고 요청한 것을 남편이 묵살하고 주인공 여성과 그 어머니가 있는 장소에 불쑥 나타나 넉살을 부리는 장면이 있었다. 자기도 모르게 어느 한쪽을 이해하고 다른 한쪽에는 덜 이입하게 되는 이 복잡하고도 오래된 착취 서사에서, 나는 당연히 주인공 여성을 응원하고 있었다. 어머니와 단둘이 시간을 보내고 싶다는 요청을 너무도 쉽게 무시한 남편을 이해할 수 없었다.

아내의 의사를 존중하지 않는 남편을 성토하는 그야말로 수백 개의 댓글을 읽고 있는데, 그중 어떤 댓글에서 눈이 멈추었다. "가란다고 정말 가면 정 없을 것 같아요. 남편이 뭘 그렇게 잘못했나요?" 그 의견이 적절한가 아닌가를 떠나, 나는 그 순간 '정'이 '말로 하지 않는 무언가를 헤아리는 일'과 연관되었다는 것을 깨달았다.

'가란다고 정말 가냐, 정이 없다'고 말하는 사람은 실제로는 이중 메시지mixed signals를 보내고 있는 것이다. 말로는 가라고 하지만 말해지지 않은 진짜 의중을 알아듣고 머물러야 정이 있는 것이다. 소통 혼선의 가장 큰 원인 중 하나인 이중 메시지에 정이 손쉽게 동원되고 있었다.

나는 여기서 간단한 실험을 해보기로 했다. 가족들이 TV를 보고 있는 거실에 나가 허공을 바라보며 "정이 없네"라는 한마디를 맥락 없이 던져보았다. 가족들은 화들짝 놀라 일어나며 "왜, 뭐 줄까?"라고 묻거나 그저 곤란한 표정을 지으며 웃었다. '정 없다'의 실체는 그때 확실해졌다.

'정 없다'는 말은 뭘 달라는 얘기인 것이다. 내가 하지 않은 말을 알아달라는 얘기고, 나조차 모르는 내 신호를 최대한 선의로 해석해달라는 얘기다. 그러므로 정이 떨어진다는 말은 선언도 아니고 질문도 아니라는 의미에서 일종의 위협일 수 있다. '나는 지금 네가 마음에 들지 않아, 정이 떨어지는 것은 정말 무서운 일이니까 그러지 않도록 조심해'라는. 정이 떨어지면 어떤 일이 생기는지, 우리가 서로 미워하며 살게 되는지 연락을 끊게 되는지 혹은 당신과 내가 그렇게 가까운 관계조차 아니어서(포털 사이트의 댓글란에서 항의와 비난의 의미로 정 떨어진다고 적은 사례를 자주 보았다) 아무 일도 안 일어나는지는 알려진 바 없고 말하는 본인도 모른다.

'정'이라는 개념에 아주 실체가 없지는 않을 것이다. 이것은 사랑일 수도, 애착일 수도, 동정심일 수도, 조금 신경이 쓰이는 마음일 수도, 심지어 '없으면 빈자리를 인식하지만 있어도 별 관심을 갖지는 않는' 정도의, 딱히 의미 없는 상태를 지칭하는 것일 수도 있다.

정이 쓰일 자리에 무엇이 대신 들어갈 수 있을까 고민하는 사람들이 늘었으면 한다. 너무 많은 것을 포괄하는 감정은, 그것이 제대로 정의되지 않았을 때 상대를 향해 무기로 쓰일 수 있기에.

# 손찌검이 들어오는 자리

어릴 적 학원에 다녀와 숙제까지 마친 뒤 운이 좋으면 거실에서 TV를 보는 엄마 아빠 틈에 슬며시 끼어들어 드라마를 볼 수 있었다. 그중 선명하게 기억나는 것 하나가 배우 김희선이 극 중 남자친구와 말싸움을 하다 뺨을 맞는 장면이다. 갑작스런 폭력에 놀란 그가 "너무 아파 민기야, 너무 아파"라며 주저앉아 울자 뺨을 때리고도 화가 풀리지 않아 씩씩대던 남자친구가 할 수 없다는 듯 안아 달래는 내용이었다. 윤기 나는 검은 긴 머리를 머리띠로 곱게 쓸어넘기고 천사 같은 원피스를 입은 예쁜 배우가 난데없이 뺨을 맞아서인지, 여자친구에게 충격적인 폭력을 행사해놓고도 씩씩거리던 남자 때문이었는지, 여자의 뺨을 때리는 행위가 싸움의 클라이

맥스를 표현하는 도구로 묘사된 연출 때문이었는지 몰라도 오래전 드라마인데 "너무 아파 민기야"라는 목소리가 아직도 귀에 생생하다.

'손찌검'은 이상한 단어다. 사람이 사람을 때린다는 뜻인데 어디를 얼마만큼 때리는지, 맞은 사람이 얼마나 아팠는지를 안개처럼 흐려놓는다. 손으로 때린 것은 알겠는데 몇 번이나 가격했는지는 모른다. 손을 쫙 폈는지 주먹이었는지 백핸드였는지도 모른다. 그냥 내가 어린 시절 본 드라마에서처럼, 어쩌다 보니 손과 신체가 접촉했고 짝 소리 정도는 났을지도 모른다는 거다.

비교적 분명한 것은 가해자와 피해자, 혹은 행위자와 당하는 사람 간의 위계 차이다. '손찌검'을 인터넷 포털 검색창에 쳐보면 "사장이 욕설을 퍼붓고 손찌검을 했다" 혹은 "아버지가 술을 마시고 가족들에게 손찌검을 했다"와 같은 문장이 자주 보이는데 젊은 사람이 나이 든 사람을 때린 경우나 모르는 사람을 때린 경우는 손찌검이라는 단어를 덜 사용하는 경향을 보인다. 감정적으로 친밀한 관계에서 발생한 폭력이라면 '손찌검'이 될 확률이 높다. 상대를 쉽게 한 대 때릴 수 있는 권력이나 신체적 물리력의 격차가 벌어질수록 손찌검이라는 단어가 자주 등장한다.

30대 남자가 놀이터에서 놀고 있던 9세 아동 세 명을 폭행한 사건을 인터넷 기사에서 읽은 일이 있다. 그는 자신의 아들이 다른 아동에게 맞고 있다고 오해했기 때문에 초등학생들을 때렸다고 증언했는데, 내가 이상하다고 느낀 대목은 이 부분이었다. "A씨는 B군을 폭행했다. (중략) 여학생들에게도 손찌검을 했다." 자기 아들이 맞고 있다고 생각해서 아들에게 장난치던 남아 B군을 '폭행했고' 이에 겁을 먹은 B군이 옆에서 그네를 타고 있던, 전혀 모르는 사이인 여아 두 명을 손으로 가리키자 그들에게는 '손찌검을 했다'는 거였다. 그리고 여자 아동들이 도망치자 이들을 다시 데려와(데려왔을 리가 없다. 끌고 왔다고 쓰지 않고 데려왔다는 단어를 선택한 것도 문제가 있다) 폭행했다고 정황 설명을 마무리하고 있었다. 이 성인 남성이 왜 9세 아동들을, 특히 아무것도 하지 않은 여아들을 때려야 했는지 정당화하고 독자를 가해자에 감정이입시키기 위한 완충 단어로 '손찌검'을 사용했다는 생각이 들 정도로 이상했다.

　　아이들을 때린 남자가 애초에 손찌검이라는 단어를 사용했는지, 증인이 있었는지, 기자가 선택한 단어인지는 알 수 없다. 다만 같은 나이의 아동들이 성인 남자에게 맞았는데 남아는 폭행을 당했다고 묘사되고 여아들은 손찌검을 당했다고 묘사될 때, 이 교묘한 차이가 어디에서 비롯되는지 파고들어볼 필요는 있지 않을까.

누가 나를 손바닥과 주먹을 동원해 머리 등을 수회 가격했다고 상상해보자. 나를 때린 자가 나에게 "전치 3주의 병원 치료를 요하며 정신적 트라우마를 남긴 폭행을 당신에게 가한 것을 사과한다"라고 하는 것과 "손찌검해서 미안하다"라고 말하는 것이 같은 무게일 리 없다.

"배우자의 결혼 외 정사extramarital affair로 인한 심정적 고통emotional pain을 겪었다"라고 말하는 것과 "바람기 때문에 속을 썩었다"라고 말하는 것 중 어떤 언어가 더 외부 충격을 흡수해서 화자를 보호하려는 노력을 많이 하고 있을까? 혹은 실제 있었던 일에 접근하기까지 더 많은 추가 질문이 필요할까? 어느 쪽이 더 기만적일까?

언어는 실제로 있었던 일과 나 사이에서 생각보다 많은 일을 한다. 내가 자주 접하는 언어가 폭행 대신 손찌검을 자꾸 쥐여준다면 내가 아무리 정확하게 기억하고 싶어도 쉽지 않을 수 있다. 문장에서 손찌검이 들어오는 자리는 내게 천막으로 가려놓은 웅덩이 같다. 누가 왜 가려놨는지는 모르지만 그 아래 정확히 뭐가 있는지 모르는데 발을 디딜 수는 없는 노릇이다. 걸음을 멈추고 의심해보아야 한다.

# 차라리 입을 다물게 되는 순간

한국에서 나서 자라면서 집에서, 학교에서, 혹은 사람들을 만났을 때 말을 예쁘게 하라는 요구를 종종 들어왔다. 그런 소리를 들으면 가슴이 답답해지면서 언짢아지지만 '내가 뭘 잘못했나?' 싶어 스스로를 돌아보게 되는 것도 사실이다.

 말을 예쁘게 한다는 것은 무엇일까? 한국어는 말을 어떻게 맺느냐가 중요한 언어이므로 '해주세요'를 '해주실 수 있어요?' 정도로 바꾸라는 얘기일까? 즉, 좀 더 정중한 표현을 써달라는 것일까? 아니면 말 그대로 '보기에 예쁘도록' 무표정보다는 미소를 지으며 말하라는 것일까? 예쁘다는 것은 시각적인 판단인데 언어 신호를 어떻게 예쁘게 보낸다는 걸까?

말을 예쁘게 하라는 요구는 주로 직위가 낮은 사람, 여성, 어린이, 사람을 직접 상대하는 직종을 향한다. 국회의원, 대학교수, 혹은 중년 남성, 한국에 체류 중인 백인에게 말 예쁘게 하라고 요구하는 경우는 들어보지 못했다.

SNS에서 '예쁘게 말하라는 지시'에 대해 얘기를 꺼냈더니 누군가가 신촌 한복판에서 싸우는 커플을 목격한 일을 제보한 적이 있다. 무슨 문제인지는 모르겠지만 언쟁하던 중 남자가 여자에게 "예쁘게 말해. 예쁘게 말하라고"라는 말만 반복하고 있었고 여자는 말을 시작할 때마다 예쁘게 말하라는 주문에 가로막혀 더는 입을 열지 못하고 당황한 채로 서있었다고.

말을 시각적으로 예쁘게 할 수는 없는 일이다. 설령 그럴 수 있다 해도 예쁘다는 것은 주관적인 미추의 기준에서 시작하는 형용사이고, 단정하다거나 깨끗하다는 판단과 비교해봐도 어디가 어때야 예쁜 것인지 알기 어렵다. 그러니 말문이 막히게 된다. 내가 하는 말의 형식이 무례했는지 혹은 내용을 듣고 싶지 않았는지 아니면 존대를 더 강력하게 사용했어야 했는지 심지어 표정이 마음에 안 들었는지는 알 수 없지만 어쨌든 내가 하던 얘기는 예쁘지 않기 때문에 일부 혹은 전체가 기각되고 만다. 여러 번 들으면 입 열기 무서워지고 아예 말을 하지 않는 편을 택하게 된다. 말을 예쁘게 하라는 소리를 듣는 건 그런 일이다. 정확히 뭘 바라는지는 알 수 없지만 내가 요구한 적도 없는 승인을 유예당하는 일. 전달하고픈 핵심보다는 그 외의 것을 중요하게 여기는 시각을 내면화하는 일.

나는 나이를 먹으며 누구에게도 말 예쁘게 하라는 요구를 하지 않으려 다짐한다. 말을 예쁘게 한다는 것이 정확히 무엇인지 아무도 모르는데 그런 요구가 난무하는 것은 텅 빈 신호를 보내는 일이고, 텅 비었는데 화자의 기분만을 전달하는 언어 신호는 관계를 망칠 뿐 아니라 나 스스로를 혼란스럽게 한다. 요구한 사람은 자기가 뭘 바랐는지 모르게 되고, 강요당한 사람은 예쁘든 못생겼든 아무 말도 할 수가 없어 침묵을 지키고 만다. 누가 내게 말을 예쁘게 하라고 한다면, 아무리 그 요구가 '예쁜 입'에서 '예쁜 형태'로 나온다 해도 경계할 생각이다. 내가 뭘 원하는지 모르면서 남에게 그걸 요구할 수는 없다.

가끔 영화 속에서 더없이 아름다운 얼굴로 무지막지한 육두문자를 내뱉는 여성들을 본다. 나는 깔깔 웃으면서 저건 반만 예쁜 걸까 안 예쁜 걸까 생각한다. 내가 듣기에는 아주 경쾌했다.

# 눈치 말고 맥락 챙기자

가장 최근에 읽은 인터넷 신문 기사를 떠올려보자. 그리고 내가 굳이 클릭하는 수고를 들여가며 읽고 싶었던 그 흥미로운 기사의 댓글창을 확인하기까지 기사 내용에 대한 판단을 보류하지는 않았나 생각해보자. 국내 주요 포털에 댓글 기능이 생긴 것은 2000년대 초반의 일이고, 어느덧 새로 태어나는 세대들이 댓글이 없는 시절을 기억하지 못할 정도로 오래되었다. 최근 한 친구가 나에게 고백하기를 "나는 이제 댓글을 읽고 나서 대세인 의견을 파악하지 않고는 섣불리 입장을 정하지 않는다. 내가 가진 첫 의견이 우세한 댓글과 다르면 나 자신을 의심한다. 재빨리 나와의 반대 의견에 납득할 만한 근거를 찾아서 결국 '저렇게 생각하는 데에는 이유

가 있었구나'라고 마무리하고 나면 마음이 편안하다"고
했다.

—

　　　　　　　　한국은 눈치의 나라다. 2019년
에 출간된 한국계 미국인 작가 으니 홍Euny Hong의 책
『눈치의 힘: 행복과 성공으로 가는 한국인의 비밀The
Power of Nunchi: The Korean Secret to Happiness and Success』
에 따르면 눈치는 한국이 빠른 고도성장을 이루는 데
기여한 숨은 일등공신이며 분열과 갈등의 현실에 획기
적인 대안이 될 수 있는 아시아적 철학이다. 곤도 마리
에가 일본인만의 마법으로 잡동사니가 잔뜩 쌓인 미국
인의 차고를 치워줬듯이, 눈치 없는 영어 문화권에 이
눈치를 도입하면 얼마나 환상적일지에 대해 감격스럽
게 얘기하는 이 책을 읽으며 나는 매우 복잡한 감정을
느꼈다.

　　그의 책은 아서 코난 도일의 유명한 소설인 셜록 홈
즈 시리즈를 인용하며 시작한다. "세상에는 누구도 관
찰하지 않는 명백한 일들이 넘쳐난다." 닳아있는 소매
의 방향이나 커피잔이 놓인 모습 등을 유심히 살펴, 평
범한 사람은 도저히 파악할 수 없는 진상을 오로지 유

추만으로 알아낸다는 셜록 홈즈에 관한 어구이다. 사실 셜록 홈즈는 초인적인, 혹은 허구적인 추리력을 가진 것이지 눈치가 빠른 것이 아니다. 그는 "이러저러한 사실을 바탕으로 논리를 전개해보니 아무개는 바람을 피우고 있고 아무개는 사실 파산하였구나!"라고 마구 떠듦으로써 주변에 미움을 사는 걸로 유명하지 눈치를 적절히 활용해 대인관계를 이롭게 하는 걸로 유명한 게 아니다. 아무래도 눈치가 어떤 작용을 하는지 이해하지 못하고 쓴 책임에 틀림이 없는데, 별점을 보자면 이 책을 읽고 'nunchi'의 필요성에 대한 깊은 깨달음을 얻은 영어 구사자들이 적지 않아 보인다.

—

　　　　　나는 버겁고 지겨운 현실을 탈출해 아시아에서 명상이나 요가를 하면 갑자기 깨달음을 얻고 인생이 바뀔 거라는 촌스러운 오리엔탈리즘, 심하게 말하자면 제국주의의 온건한 버전일 이런 태도에 신물이 났거니와, 눈치가 팽배한 사회에서 "을"의 입장으로 살아본 적 없는 사람이 단지 한국어에 대한 지식이 있다는 것만으로 전 세계에 눈치의 아름다움을 설파하고 있다는 사실이 환멸 났다. 정부 정책에 대한 신속한 협조나 화합을 중시하는 단체 문화 덕에 한국 사람들이 더 성공하고 행복했다는 얘기를 주구장창 하는 이 책을 읽으며 나의 괴로운 역사가 생각나 속이 뒤틀렸다. '눈치를 챙기지 못'하면 교실에서 누가 가장 힘이 세고 잔인한지 빨리 파악하지 못한다. 일터에서 내가 어떤 위치를 차지하는지 모르고 헤매게 된다. 다들 어기고 있는 도로교통법을 혼자 준수하는 바보가 된다. 누가 피곤한 얼굴을 하고 있으면 혹시 내가 그에게 잘못한 일은 없는지 재빨리 기억을 더듬어봐야 한다.

　　나는 눈치의 나라에 살면서 눈치가 없어서 소속집단에서 팽당하거나 나중에야 그들의 불링 bullying 을 깨달은 적이 많았다. 다섯 명이 모인 단톡방에서 누군가 점점 떠받들어지는 것을 둔하게 흘려 보내고 있으면, 그래서 나도 다른 이들과 함께 눈치 빠르게 그를 알아서 모셔주며 물만 마셔도 칭찬하고 넘어져서 생긴 무릎 상처에 하늘이 무너질 것처럼 걱정해주지 않으면, 새로 떠오른 권력자는 분노하며 나를 벌 줄 궁리를 했다. 아무래도 기분이 상한 것 같아 "괜찮아? 내가 뭐 잘못한 것 있어?"라고 물으면 그들은 절대 그렇지 않다고 한다. 그런 질문을 왜 하냐고 펄쩍 뛴다. 자기가 얼마나 사소한 일에 기분이 상하고 상처를 받는지 드러내는 것은 아무래도 자존심이 상하니까. 눈치껏 모심을 받는 것은 화가 나서 대거리를 하는 것보다 훨씬 우아하니까.

—

노예가 "우린 사람도 아니야"라고 말하는 것과 노예 주인이 "너희는 사람도 아니야"라고 말하는 것은 대단히 다른 의미를 지닌다. 절망한 노예가 자신의 처지를 비관하며 "우리가 사람이긴 한가?"라고 절규할 때 옆에서 "너희는 사람이라고 보기 힘들지"라고 이죽대는 노예 주인이 과연 눈치가 없어서 그런 소리를 할까? 환경에 대한 정보가 충분치 않아서 눈치가 없는 것, 맥락을 아예 이해하지 못하거나 맥락을 읽을 줄 알면서도 잔인한 방식으로 소통하는 것의 차이를 분명히 알아야 한다.

우리의 맥락과 바깥의 맥락을 주의 깊게 관찰하고 준비하고 합의하기 전에 서로의 맥락을 겹쳐놓거나 밀어넣지 않도록 주의해야 한다. '어떤 말을 지금 꼭 해야 하는 게 아닌데도 기어이 하고야 마는' 것은 눈치가 없어서가 아니다. 자기의 맥락이 이미 진행되고 있는 맥락에 우선하다고 판단했기 때문이다. 어른들이 진지한 이야기를 하고 있는데 장난감을 들고 큰 소리로 끼어드는 어린이는 단지 타인의 맥락을 이해하고 고려할 만큼의 사회적 지능이 부족한 것이다. 눈치가 없다고 벌을 받아서는 안 된다. 이야기를 가진 사람이 나만이 아니라는 걸 알려주면 된다. 좌측통행이 원칙이던 것이 어느새 우측통행으로 바뀌어서 이를 까맣게 모르는 노인이 우측에 서 있다고 "남들 다 왼쪽에 서 있는데 어떻게 저렇게 눈치가 없고 멍청할까" 한탄해서는 안 된다. 그는 자기가 알고 있는 규칙을 지키는 것일 뿐이다.

　주변의 신호를 잘 읽고 위험을 빨리 감지하는 것은 관찰력이 좋은 동시에 불안도가 남들보다 높은 것이지 눈치 빠르다고 칭찬받을 일은 아니다. 주변에서 일어나는 가십을 시시콜콜히 알고 있다가 나에게 다가와 누군가에 대한 험담을 흘리며 "여태 몰랐어?"라고 말하는 사람은 눈치가 빠른 게 아니라 그냥 남의 비밀을 아는 행위에 주어지는 권력을 좋아하는 것일 뿐이다.

　인스타그램이나 페이스북의 댓글창에서는 자기들만의 짧고 휘발성 강한 문화가 순식간에 형성되곤 한다. 영문을 모르는 누군가가 분위기에 어긋나는 답글을 달았다간 "눈치 챙겨라, 너 학교 다닐 때 국어공부 못했지?"라는 반응을 얻기 십상이다. 눈치는 내가 최고 권력자일 때만 나를 섬긴다. 내가 위로 모셔야 할 사람이 있을 때 눈치는 나를 지배한다. 눈치는 "한국(어)의 마법"이라기보단 한국어가 가진 한국식 괴롭힘, 따돌림, 가스라이팅에 가깝다. "나는 눈치가 빠른 사람이 좋더라"라는 말을 하는 사람과 당신은 친구가 되고 싶은가? 나라면 천리만리 도망갈 것이다.

## 우리는 왜 시도 때도 없이
## 무시하고 무시당할까

이런 기사를 읽었다. 길에서 떡볶이를 사 먹던 젊은 남성 둘이 있었다. 술에 취해 귀가하던 다른 한 남성이 그들에게 다가가 "나도 하나 먹자"며 허락 없이 음식을 집어 먹으려 했고, 이에 떡볶이 한 접시를 아예 새로 주문해주려고 하자 "내가 거지냐"며 별안간 폭력을 휘둘렀다는 내용이었다.

음식을 원하는 낯선 사람에게 떡볶이 한 접시 사주려고 했던 이들의 선의가 어이없는 방식으로 거절당했을 뿐 아니라 물리적 폭력으로까지 이어진 이 사건을 접하고 나는 의문을 품었다. '왜 달라고 하는 것을 주었더니 화를 내는 것일까?'

떡볶이를 한두 점 먹으려고 했을 뿐인데 아예 한 접

시 시켜주는 행위가 마치 부랑자 취급하는 것처럼 느껴졌다고 진술했다는 데에서 나는 그의 머릿속에 떠올랐을 한마디를 생생히 듣는 것 같았다. "너네 나 무시해?"

　　누군가에게 무시당한다는 것은 대단한 수치와 분노와 슬픔을 불러오는 일이다. 피해자가 자기를 무시했다고 폭력을 행사하거나 심지어 살인까지 저지르는 일을 우리는 적지 않게 보아왔다. 무시는 어디에나 있고, 이 덫에는 누구나 걸릴 수 있다. 누군가 나와 눈을 맞추지 않을 때, 나의 성취를 깎아내리는 말을 할 때, 나를 보고 웃을 때, 나를 보고 웃지 않을 때, 내 방문을 벌컥 열고 들어올 때, 자매나 형제의 것보다 못한 선물을 받았을 때, 내 요구를 들어주지 않을 때, 때로는 내 요구를 이해하고 떡볶이를 사주려고 했을 때조차.

—

　　　　우리는 왜 이렇게 시도 때도 없이 무시하고 무시당할까? 누군가 나를 무시한다는 건 정말 어떤 걸까? 무시당했다는 생각이 들 때 싸늘해지는 가슴과 치미는 울분, 무안함, 수치스러움, 슬픔은 어디서 오는 걸까? 이렇게까지 강렬한 감정을 불러올 일일까? 나는 스스로에게 물어보았다. 누군가 나를 무시했다는 생각이 들었을 때 일어나는 감정에 이름을 붙이고 그게 어디에서 오는 건지 알아야 잘 처리할 수 있을 것 같았다.

　내가 아는 대부분의 무시는 거절에서 왔다. 누군가 내게 no라고 말했을 때, 닫힌 문 앞에서 순순히 물러나지 못하고 '내가 어디가 어때서?'라고 자존심을 황급히 꺼내 들이밀게 되던 때가 바로 무시의 순간이었다. '쟤가 지금 나 무시하나?'라는 생각이, 감정이, 그 둘이 뒤섞인 무언가가 머릿속을 쏜살같이 스쳐 지나가는, 반드시 내 안의 목소리만은 아닌, 밖에서 나를 평가하는 눈을 두려워하는 마음.

　누군가의 언행이나 표정, 몸짓, 혹은 태도가 나를 존중하지 않았다고 느끼거나, 거절당한 기분이 들게 하거나, 무안하고 부끄럽게 만들었던 일들이 있었다. 그럴 때 "너의 이런 말과 행동에 상처를 받았어. 네가 그걸 알았으면 좋겠어"라고 말할 수 있었더라면. 혹은 속으로라도 '아니야, 네가 알 필요는 없지. 곰곰이 생각해보니 꼭 지금 처리해야 할 문제는 아닌 것 같아. 네가 일부러 그런 게 아니었으면 좋겠어. 혹 일부러 그랬다고 해도 네가 나를 존중하지 않는 게 내 문제는 아니야. 그건 나에 대한 네 태도의 문제고, 나는 이게 나를 괴롭히도록 두지 않을 거야'라고 정리할 수 있었더라면, 평온해 보이는 세상에서 나 혼자 괴로웠던 일이 많이 줄었을 것이다.

'무시당했다'는 감정에는 때로 상대가 말하지 않은 것까지 듣는 일이 포함된다고 느낀다. 그런데 일부러 못 본 척, 못 들은 척하는 것은 무시이지만 나에게 no라고 말하거나 바빠서 관심을 줄 수 없었거나 혹은 무례하게 대하는 것, 심지어 내게 부당한 대우를 하는 것은 각각 다르게 처리할 일들이다. 무시당했다고 부르짖는 일로는 해결되지도 사라지지도 않는다. 부당한 일로 곤란에 처했다면 "너 나 무시해?"라고 부르짖는 대신 "당신은 나에게 그럴 수 없다"라고 맞서야 한다.

그래서 나는 '너 나 무시해?'라는 마음속 외침이 내게 떠넘기는 바깥의 관찰자를, 말 그대로 무시하기로 했다. 대신 실제로 어떤 일이 일어났는지, 이름을 붙일 만한 감정을 찾을 수 있는지 생각해보기로 했다. 그건 시간이 걸리는 일이었지만 생각보다 어렵지 않았다.

나는 나에게 대답하지 않는 사람에게 재차 질문하기로 했다. 나를 중요하지 않게 여기는 사람을 마주쳤을 때는 스스로를 탓하거나 상대를 미워하지 않고 다만 그와의 관계를 진지하게 재고해보았다. 내가 가진 것을 깎아내리는 사람을 만났을 때는 그를 가엾게 여기기로 했다. 그러자 내가 '무시당하는' 일은 놀랍도록 줄어들었다. 외부에서 오는 진짜 모욕과 내부에서 울리는 자기혐오를 구분할 수 있게 되자 무시란 별게 아니었다. 나는 모욕과 불의에 대응할 수 있는 사람이니, 자격지심은 혼자 힘으로 다스릴 수 있었다. 남을 쉽게 미워하는 일도 줄어들었다. 나에게 있어서 '무시'는 그렇게 잘 정리되어 제자리를 찾았다.

# 말의 배신

트위터에서 리트윗되어 오는 낯모를 이들의 일상 이야기가 전혀 낯설지 않을 때가 자주 있다. 얼마 전에는 노량진 수산시장을 방문했다가 별로 유쾌하지 못한 경험을 한 사람의 일화를 접하게 되었는데, 바지락 반 근을 샀다가 점포의 주인에게 "그것밖에 안 사느냐"라는 소리를 들었다는 이야기였다.

그저 시장 상인의 우스갯소리로, 슬쩍 어리광을 부리는 듯한 인사로 넘어갈 수도 있을 것이다. 실제로 악의가 있는 경우는 많지 않기도 하다. 살면서 겪는 진짜 문제들에 비하면 이런 일은 별것도 아니다. 일일이 따지고 들자면 한도 끝도 없다. 좋은 게 좋은 거지, 사장님 실없으시네, 하며 "다음엔 많이 살게요!"라고 말하는 사람이 되자고 마음먹을 수도 있다.

　하지만 나는 그런 사람이 되지 못했다. 언제나 동경했지만 매번 실패했다. 대신 나는 왜 저런 말을 하는 것인지 궁금해했다. 그러나 직접 물어볼 수는 없다. 안 봐도 뻔하니까. 아저씨, 방금 뭐라고 하셨어요? 아니, 방금 왜 이렇게 조금 사냐고 하신 거요. 아, 기분이 나쁜 게 아니고요, 정말 궁금해서요. 그렇게 말씀하신다고 더 사는 것도 아닌…… 왜 소리를 지르고 그러세요? 가면 되잖아요. 대강 그런 수순이 될 것이다.

　우선 왜 이렇게 조금 사냐는 질문은 진짜 질문은 아니다. 답을 얻기 위해 물어보는 것이 아니라 뉘앙스를 전달하기 위한 수사적인 질문이다. 그러면 어떤 뉘앙스를 전달하여 어떤 목적을 이루기 위한 발화일까? 이미 상품을 구매한 소비자에게 '너는 너무 적은 양을 샀으므로 내게 너무 적은 돈을 벌게 해주었다'는 암시를 주는 것은 효과적인 소통 방식일까?

—

　　　어린이를 많이 만나는 직업을 가진 사람에게 들은 이야기이다. 한 아동이 불쑥 자기에게 찾아와 결혼을 했냐고 질문하기에 "아니 (안 했어),

왜 (물어보니)?"라고 대답했더니 "그럴 것 같았어요"라고 대답하더란다. 더 이상 대화를 어떻게 이어가야 할지 몰라 우물쭈물 있었더니 올 때처럼 훌쩍 떠났다고 한다. 아이는 선생님에게 애정과 관심을 전하고 싶었을 것이다. 그러나 아이에게 익숙한 말은 "몇 살이에요? 결혼했어요?" 정도였을 것이다. 잘해봐야 "선생님 예뻐요"라고 말할 수 있다면 꽤 사회적 기술이 있는 어린이다.

내가 하는 수업에 참여하는 한 학생이 길을 가고 있는데, 한 장노년이 자신의 몸에 손을 대길래 쳐다보았더니 자기를 본인의 진로 바깥으로 '밀어내는' 중이었다고 한다. 음성으로 실례한다거나 잠시 비켜달라거나 하는 신호는 전혀 없었으며 눈도 마주치지 않은 채였고, 심지어 그는 일행과 대화를 나누면서 손만 뻗어 자기를 '치우고' 있더라고. "실례합니다"까지는 바라지 않더라도 "잠시만요"도 안 되는 거냐며 그는 어이없다는 듯 웃었다.

친구가 기차에 타서 자리를 잡느라 주섬주섬 짐을 정리하고 있는데 한 백발노인이 다가와 "아가씨, 어디까지 가요?"라고 묻더란다. 그래서 "부산이요"라고 웃으며 대답했는데 갑자기 아래위를 훑더니 "아가씨인 줄 알았는데 나이가 있어 뵈네!"라고 일갈하고는 벙 찐 내

친구를 남겨두고 멀어져갔다는 얘기도 들었다. 누가 말을 걸었을 때 얼마나 존중하며 대답해줘야 할지 모르겠다는 호소가 뒤따랐다.

말이 이렇게까지 사방팔방 튀는 것은 무엇 때문일까? 온갖 방향으로 폭주하다 어떤 때는 아예 있어야 할 자리에 없기도 하다. 그 말을 발화한 모든 사람들을 유별나게 이상한 개인이라 보기에도 무리가 있지 않을까. 건조하게나마 정중한 인사를 나눌 수 있는 기차 옆자리의 인연은 이제 영 기대할 수 없는 것일까? 이제 막 열 살이 채 안 된 아이의 실없는 질문 때문에 두고두고 기분이 찜찜해야 하는 것일까? 와줘서 고맙다는 말인지 정말 바지락 더 사란 말인지 해석할 수 없으니 바지락 한 근을 정성껏 발라 결국 음식물 쓰레기 봉투에 넣게 되더라도 조개를 더 사야 하는 것일까? 실례한다, 비켜달라 한 마디면 얼마든지 비켜주었을 텐데 내가 인도에 튀어나온 입간판이라도 되는 양 밀쳐지는 일을 예사롭게 받아들여야 하는 것일까?

이 모든 사건들 속에서 사람들 사이의 범퍼가 되어주었어야 할, 서로의 거리를 지켜주고 해당 상호작용의 목적을 달성하는 데 기여했어야 할 '말'은 어디로 간 걸까? 끝내 누구에게도 묻지는 못하겠지만, 그리고 언젠

가 나도 '잠시만요' 한 마디가 아까워 누군가를 밀치는
사람이 안 되리라 장담할 수 없지만, 나는 여전히 궁금
하다.

## 감동 실화?
## 어떤 감정이 '감동'일까

영화를 자주 보지는 않는다. 하지만 한번 마음에 든 영화는 몇 번이고 반복해서 본다. 내가 가장 좋아하는 장르는 다큐멘터리나 실화를 바탕으로 한 진지하고 어두운 영화다. 그 이야기들이 하나로 통일되거나 정돈된 감정을 남기지 않고 스스로 질문하게 하는 점을 좋아한다. 〈호텔 르완다 Hotel Rwanda〉가 그런 영화였다. 얼마 전에 그 영화에 대한 세부 사항이 기억이 나지 않아 검색하다가 그 영화를 '감동 실화'라고 소개하는 블로그를 보았다. 순간 머릿속에 물음표가 떠올랐다. '감동 실화?'

〈호텔 르완다〉는 벨기에가 아프리카의 소국 르완다를 점령해서 분할 통치하다가 부족 간의 갈등이 심화되어 내전으로 치닫는 것을 외면하고 떠나버린 데부터 시작되는 비극적인 이야기다. 1994년 4월에 시작되어 약 4개월간 지속되었으며 르완다 시민이 많게는 100만 명까지 학살당한 것으로 추산되는, 현대사의 가장 끔찍한 사건 중 하나이다. 영화는 이 피비린내 나는 도륙의 가운데서, 국제 구호 활동가도 정치인도 아니고 평범한 르완다 시민이었던 호텔 매니저가 목숨을 걸고 1,268명을 구해낸 이야기를 다룬다.

나는 이 영화를 대학교 학부 시절에 처음 접했다. 국제정치학 교수님이 수업 자료로 활용하신〈호텔 르완다〉를 보고 경악에 휩싸여 며칠이고 관련 자료를 찾아보았던 기억이 난다. "5센트짜리 도축용 칼로 사람들이 난도질당할 위기에 놓였는데 백인들은 떠나고 있다!"라는 주인공의 절규를 잊을 수 없었다. 처참한 내전을 겪었던 국가의 후대 시민으로서, 그리고 인간을 움직이게 하는 동기를 항상 궁금해하는 동료 인간으로서 '무엇이 문제였을까? 막을 수 있었다면 어떤 방법이 있었을까?'에 주목했었다.

물론 이 작품의 주인공이 시민 영웅이며, 그가 동료 시민들을 구출해낸 이야기가 매우 고무적이고 아름다운 것은 사실이다. 무차별 학살의 현장에서 살아남은 사람들의 강인함과 그들을 구한 사람의 고귀함을 보여

줌으로써 인간에게는 아직 사랑할 만한 부분이 있다는 점을 강력하게 호소한다. 그러나 '감동을 주는 실화'에서 감동이란 구체적으로 어떤 정서였을까? 슬프다는 뜻일까? 희망적이라는 뜻일까? 비극적이라는 뜻일까? 교훈을 남긴다는 뜻일까? 보기에 즐겁다는 뜻일까? 왜 나는 감동 실화라는 그 간단한 소개에 반감을 느꼈을까?

———

　　　　　　종잡을 수 없는 '감동'의 정체를 파악하기 위해 표준국어대사전을 찾아보았더니 "크게 느끼어 마음이 움직임"이라 되어있었다. 한영사전을 찾아보았더니 ❶be moved　❷be impressed　❸feel emotion으로 번역되어있다. 모두 어떤 느낌을 묘사할 뿐이지 감정의 실체를 알려주지는 않는다. ❶은 그저 '마음이 움직임'이고 ❷도 '(무언가) 인상 깊음'이다. 게다가 ❸은 말 그대로 '감정을 느낌'이다. 그렇다면 어떤 영화나 이야기가 감동적이었다는 건 그냥 '그 작품을 접하고 (불특정한) 감정을 느꼈다'라는 의미일 뿐이다.

　'감동'이 어떻게 쓰이고 있는지 알아보기 위해 "감동적인 영화"를 검색해보았더니 그야말로 액션과 호러 장르를 빼고는 모두 감동적인 영화에 해당되는 것 같았다. 감동적인 동물 영화, 감동적인 사랑 이야기, 죽다 살아난 감동 실화……

동물이 죽거나 착취당하는 경우에도 여전히 감동적이었고, 주인공이 죽거나 실의에 빠지는 내용이지만 어쨌든 감동적인 사랑 영화였으며, 납치당한 자녀를 필사적으로 찾아 헤매다 결국 찾지 못한 이야기도 엄마의 감동적인 사랑에 관한 이야기였다.

우리는 감동이 무엇이며 어떤 식으로 느끼는지에 대한 합의가 없이 그 단어를 널리 사용하는 것 같았다. 이런 의심을 확인해보기 위해 나는 대략 7천 명 정도의 팔로워가 있는 트위터 계정으로 (물론 7천 명이 모두 설문조사에 참여하지는 않았지만 표본으로서의 가치는 있다고 본다) 간단한 설문조사를 올렸다.

---

"감동적인 영화"라는 광고를 보면 해당 영화에서 무엇을 기대하십니까?

| 항목 | 비율 |
|------|------|
| 슬픔 | 43% |
| 기쁨 | 24% |
| 좌절 | 11% |
| 셋 중 아무거나 | 22% |

---

나는 감동이 일단 누군가를 눈물 흘리게 해야 한다는 가정을 했기 때문에 당연히 슬픔이 답변의 절반 이상을 차지하리라 예상했었는데, 놀랍게도 슬픔은 24시간 동안 참여해준 525명 중 43%의 표밖에 얻지 못했다. 기쁨이 두 번째로 많은 표를 얻어 24%였고, 그 바로 뒤를 바짝 쫓아 셋 중 아무거나가 22%를 차지했다. "감동적인 영화"를 볼 때 기쁨이든 슬픔이든 좌절이든 상관없으니 '어떤 감정'을 느낄 거라고 예상하는 사람들이 다섯 명 중 하나라는 뜻이다.

—

2018년 평창 동계올림픽이 많은 사람들에게 기쁨을 주고 막을 내린 가운데, 곧이어 시작한 장애인 동계올림픽에는 방송사의 관심이 덜해 사람들이 중계를 보기 힘들다는 지적이 있었다. 여기에 대해 한 신문사의 칼럼은 "패럴림픽 중계는 국민의 '감동권' 문제다"라며 더 많은 중계를 요구했다. 이 글의 말미에는 "장애인 선수가 경기 후 환하게 웃는 모습은 한 장의 사진만으로도 감동을 일으킨다"라는 대목이 있었다.

패럴림픽 중계는 더 많이, 자주 편성되어야 한다. 그 부분에는 이견이 없다. 그러나 내가 주목하는 것은 '감동'이다. 감동이 대체 무엇이길래 불특정 다수가 감동을 느낄 권리에 대해 주장하는 것일까? 맥락을 분석하면 to be inspired, 즉 다른 사람의 성취를 보고 영감을 받아 일종의 행복감을 느끼는 것을 감동이라고 표현하는 것 같다. 그러면 '남에게 영감을 받을 권리'라는 것도 존재하는 것일까? 타인의 고군분투를 감상하며 내가 영감을 받는 것이 '권리'일 수 있을까? 애초에 스스로가 원하는 것이 '감동을 좀 받고 싶다'가 아닌, '영감을 얻고 싶다'는 구체적인 욕구였다는 것을 깨달았다면 그런 요구가 정당한지 아닌지 생각해보기 더 쉽지 않았을까?

이에 더해, 이런 식으로 "그것은 참 감동적이었다"라고 감상 혹은 정서를 갈음하는 우리의 언어 습관이 우리가 남의 이야기를 듣고 처리하는 방식에 영향을 주고 있지는 않을까?

감동은 한국어 세계의 어디에나 존재한다. 슬픔일 때도 있고, 기쁨일 때도 있고, 좌절일 때도 있지만 또 어떤 감정이든 '뭔가 강렬하게 느껴지기만 한다면' 상관없는 것이기도 하다. 실컷 울고 나서 느끼는 머리와 코의 얼얼함. 혹은 감정이 롤러코스터를 타고 난 뒤 그게 전부 실제로 나에게 일어나는 일은 아니었다는 안도감.

우리가 다른 이들의 이야기를 접하면서 기대하는

것은 '효용으로 환산할 수 있는 카타르시스'이고 이것을 감동이라는 단어로 뭉뚱그려놓은 것은 아닐까? 영화를 보면서 어떤 형태로든 즐거움을 기대하는 것은 당연하다. 그러나 이야기 속에서 아무리 비극적인 일이 많이 일어나도, 더 생각해볼 만한 미진한 감정을 남긴다 해도 그걸 전부 "참 감동적이었다"라는 한마디로 깃털처럼 상쾌하게 정리하는 인식의 습관은 어쩌다 만들어진 것일까?

—

　　　　　　　　　같은 사건을 목격해도 사람들이 기억하는 것은 각각 다를 수 있다. 하물며 어떻게 느끼는가는 당연히 모두 다를 것이다. 감동은 여러 감정을 아우르고 한데 묶어주면서 '여기에 뭔가 네가 좋아할 만한 것이 있다'는 강력한 표지로 작용한다는 점에서 유용한 언어이다. 그러나 동시에 우리가 누군가의 말이나 행동에 감동했다고, 어떤 사건이 감동적이었다고, 그래서 참 '좋았다'고 느낄 때 그 감정의 실체가 무엇인지 더 이상 생각하지 못하게 만들기도 한다. 스스로에게 질문을 던져보면 사실 그 감정은 그냥 감동이 아닐지도 모른다. 누군가에게 했어야 할 감사와 사랑의 말을 대강 암호화한 것일 수도 있고(선물을 받은 후 "고마워" 대신 "감동이다. 잘 쓸게"라고 말하는 것) 스크린 앞에서 다들 울기에 따라 울었을 뿐 내가 뭘 느꼈는지 확신하지 못한 와중에 한 '아무 말'일 수도 있다.

'감동'이라는 말이 자리한 곳에 가끔 질문해보자. 그래서 난 대체 무엇이 감동적이었을까?

## 목적을 감춘 이상한 질문들

개와의 산책은 내게 큰 즐거움이다. 개도 기뻐하고, 나도 바깥 공기를 쐬며 계절을 느낄 수 있는 시간이다. 출근하느라 허덕이는 시간이 아닌, 혹은 하루 일로 이런저런 복잡한 생각을 하며 퇴근하는 길이 아닌, 일부러 짬을 내서 하는 산책은 그동안 보이지 않았던 것들을 볼 수 있게 해준다. 집 앞 교차로의 큰 가로수들에 걸린 햇살이 얼마나 몽롱하고 예쁜지, 개와의 산책 때문이 아니었다면 입구도 들어가보지 않았을 낮은 뒷산에서 얼마나 향긋한 풀내음이 나는지 느긋이 깨닫는 시간은 하루치의 행복을 온전히 느끼기에 모자람이 없다.

그러나 가끔 불쾌한 일을 경험할 때가 있다. 대뜸 다가와 "개 물어요?"라고 묻는 사람들 때문이다. 한번은 샌드위치를 사느라 개 두 마리를 가게 앞에 묶어두고 기다리게 했는데, 볼 일을 보고 가게 밖으로 나와 개들을 풀어주고 있는 내 뒤에서 어떤 중년 남성이 다짜고짜 "물어요?"라고 질문했다. 나는 "물어요"라고 대답했다. 그가 어떻게 반응하는지 보고 싶었다. 그러자 그는 "무는 개면 줄이 너무 긴데"라고 내 뒤에서 큰 소리로 중얼거리고는 돌아섰다. 그는 아마 개를 만지고 싶었을 것이다. 그리고 물지 않는다는 대답을 기대했을 것이다. 샌드위치 가게 밖에서 인내심 있게 앉아있는 개들을 보고 일부러 다가왔으니까.

나는 "물지 않지만 훈련 중이니까 만지지 마세요"라고 대답할 수 있었다. 그러나 그는 정확히 "개를 만지고 싶은데 무는 개인가요?"라고 묻지 않았다. 그냥 다짜고짜 빈 공간에 얌전히 있는 개와 그 동반인에게 와서 당신의 개는 사람을 공격하느냐고 물은 것이다. 그 두 질문을 분리해서 "개를 만져도 되나요 Can I pet your dog?"부터 물었으면 나는 간단하게 "안 됩니다"라고 대답했을 것이고 아마 거기에 더해 "산책 연습 중이니까 만지지 않는 게 좋습니다"라고 덧붙여주었을 것이다. 물지도 않는 개를 문다고 거짓말하지 않았을 것이다.

개의 훈련이나 양육에 대해 길게 말하고 싶은 마음

은 없다. 나도 계속 배우는 중이고, 전문가도 아니다. 그저 나보다 잘 아는 사람들을 보고 계속 공부할 뿐이다. 다만 인간이 인간에게 말을 걸 때 '내가 하고 싶은 말은 따로 있으나 상대가 알아들어줄 것을 기대하고 하는 말'은 참을 수 없다. 개떡같이 말해도 찰떡같이 알아들어주길 기대하며 인사도 없이 '당신의 개는 무는 개냐'고 묻는 것은 무례한 행동이다. 차라리 "개가 귀여워서 만지고 싶어요"라고 했으면 내가 다음 방법을 강구해주었을 것이다. 빨리 가서 샌드위치를 먹고 싶지만 시간을 들여 개와 인사하게 해주었을 수도 있다. 그는 무언가 말했지만 목적을 달성하는 것과는 상관이 없는 질문이었고, 그건 그와 나의 의사소통을 방해했다.

이런 일이 반복되고, 나처럼 생각하고 반응하는 개 보호자들이 늘어나면 더 이상 '정말 무는 개인지' 질문하는 일이 무의미해질지도 모른다. 상대의 말보다는 표정이나 말투를 보고 진짜 의도를 짐작해야 할지도 모른다. 상호 소통이 나락으로 떨어지는 순간이다.

내가 아무렇게나 말해도 상대가 알아들을 거라는 전제, 더 나아가 알아듣지 못하는 것은 나를 인격적으로 무시하는 행동이라고 믿으며 자의적으로 만드는 이상한 생략들, 혹은 돌려 말하다 그야말로 안드로메다로

가버리는 일이 한국어에는 꽤 많이 일어난다.

배우자에게 "내일 어머니 생신을 함께 축하하려고 하는데 네가 할 일이 굉장히 많을 것 같아. 부탁해도 될까?"라고 말하려는데 "내일 어머니 생신인 거 알지?" 한마디로 끝낼 수는 없다. 대화에 엄청난 혼선이 생기거나 불쾌한 감정이 걷잡을 수 없이 커지는 것은 물론 상대에게 수락도 거절도 할 수 없게 만드는 매우 나쁜 습관이다. 이런 상황에서 자신의 언어 습관을 반성하기는 커녕 왜 사람 말을 못 알아듣냐며 상대를 비난하는 일도 흔하다. 자기가 무슨 말을 하고 싶었는지 자신도 잊었기 때문이다. 최소한만 말해놓고 상대가 알아듣기를 바라거나 알아들을 때까지 몰아가는 식으로 소통을 경색시키는 일이 자기 언어의 전부가 되었기 때문이다.

누가 개떡같이 뱉어놓은 말을 찰떡같이 알아들을 필요도 없고 반대로 꼭 찰떡같이 말해야 한다는 강박을 가질 필요도 없다. 그냥 있는 그대로, 스스로에게 먼저 질문한 다음 물어보면 된다. '지금 이 발화를 시작하려는 나는 내가 무슨 말을 하고 싶은지 확실히 알고 있는 것일까?'라고.

# 내가 드세고 당돌하고 맹랑하다고
# 말하는 당신에게

'드세다'는 말을 두 번 생각해보지 않고 쉽게 쓰던 시절이 있었다. 주로 동료 여성에게, 특히 나보다 어린 여성에게, 그리고 동물에게 사용했다. 그들이 내 마음대로 되지 않을 때, 그리고 그들이 '감히' 분노나 실망을 공적으로 표현할 때 머릿속에 바로 떠오르는 말은 항상 그런 종류의 것이었다.

구글 검색어 자동완성에 '드센 여자친구'는 있어도 '드센 남자친구'는 없다. "저러더 드센 여자래요. 드세면 안 좋은 건데. 뭐가 드세다는 건지 모르겠어요. 어떻게 하면 안 드센 여자예요?"라고 집단 지성에 도움을 요청한 글도 보인다. 이 질문에는 다수의 답변자들도 갈팡질팡한다. "생활력도 있고 추진력도 있고, 자기 생각도 강한 사람이란 뜻도 있는 거 아닐까요?"라며 좋게 해석해주는 위로의 글이 있는가 하면, 네이버 국어사전에는 이런 예문도 있다. "대단히 무지하며 포악하고 드센 데가 있다." 무지와 포악 다음에 나오는 단어라 생각하면 어떻게 봐도 칭찬은 아니다.

생활력과 추진력이 있으며 동시에 무지하고 포악할 수 있는 것일까? 그럴 수 있다고 생각한다. 그래도 아무래도 "자기 생각이 있다"라는 부분은 마음에 걸린다. 사람이라면 모두 자기 생각이 있을 텐데, 말 그대로 I can think for myself를 이렇게 광범위한 스펙트럼을 가진 '평가'로 몰아넣는 일은 공정하지 않은 것 같다.

드세다는 말이 공격적이거나 폭력적이라는 뜻으로 쓰이기도 하는 것일까? 그러면 실제로 남을 때려서 다치게 한 범죄자를 우리는 드세다고 묘사할까? 그것도 아닌 것 같다. 연쇄살인범부터 술에 취해 입간판을 때려 부수는 남자까지, 우리는 남에게 폭력을 휘두르는 이들을 드세다고 부르지 않는다. 드센 사람은 남을 때리는 사람이 아니다.

—

누군가를 '드세다'고 평가하는

내가 어떤 모습인지 들여다보자. 나는 얼굴을 약간 찌푸리고 있고, 상대와 얽히기 싫다는 듯이 상반신을 슬쩍 뒤로 뺀 상태이며, 다른 이들에게 동의를 구하듯 좀 큰 소리로 말한다. 저 사람 드센 사람이야. 자기 생각이 있는 사람이야. 저 사람에게 자기 생각이 있다는 사실이 나를 불쾌하게 해.

타인을 드세다고 부르는 것은 자기 고백에 가깝다. "여자가 저렇게 드세면 남자들이 안 좋아해", "어린 놈이 당돌하네", "쪼끄만 게 맹랑한 소리를 하네" 등은 상대가 내 마음대로 되지 않는 것을 씁쓸함과 약간의 비통함 그리고 악의를 담아, 좀 복수하듯이 이르는 소리다. 남을 드세다, 당돌하다, 맹랑하다고 부를 정도의 권력이 나에게 있다고 생각한다는, 혹은 그런 권력을 선언하고 싶다는 무의식의 목소리다. 누군가가 나를 "싸가지가 없다"라고 평가하는 것은 그가 나의 위계를 그의 것보다 낮게 보았다는 실토나 다름없다. 상대가 '나더러 드세대. 드센 건 안 좋은 건데. 내가 뭘 고쳐야 할까? 난 뭐가 잘못된 걸까?'라고 생각하게 만들려는 의지를 담은 bullying(약자를 괴롭히기)이기도 하다.

화자와 청자의 권력차가 없다는 가정하에 그 뜻이 절반 이상 날아가버리는 언어는 사실상 경고 신호다.

그 자리를 디디면 안 된다는, 거기 웅덩이가 있다는, 세상의 늪과 숲을 구분할 수 있다면 아마 늪이 거기 있을 거라는 표지이다.

자기 생각이 있는 인간이라는 게 나쁜 것일 수는 없기 때문이다.

## 바이링구얼리즘,
## 이중언어의 그늘 안에 서기

나는 숫자에 매우 약하다. 새로 이사한 집 주소를 외우는 데 한 달은 족히 걸렸는데도 아직도 행정구역 다음에 이어지는 숫자(번지나 건물 번호)를 불러줄 때가 되면 스스로가 못 미더워 맥도날드 배달 서비스 앱에 입력해둔 주소를 자꾸 확인한다. 방향감각도 엉망이다. 지형지물을 기준으로 길을 찾기 때문에 공원이나 스타벅스가 없어지면 큰일이다. 거의 평생 살았던 동네의 전철역사 안에서 마음먹은 대로 출구를 골라서 찾아 나올 수 있게 된 것은 대학생이 되고부터였다.

그런대로 잘 살아가고 있는 것이 장할 정도로 기본적인 감각을 결핍한 나이지만, 이를 상쇄하기 위해 발달한 것이 하나 있다. 내가 살 자리인지 못 살 자리인지를 언어로 알아보는 능력이다. 나를 견딜 수 있는 사람인지 혹은 내가 잘 어울릴 수 있는 사람인지 살피고 혹시 모를 오해와 소통 오류를 최소화할 수 있는, 내가 알아듣는 언어를 구사하는 사람인지를 가늠하는 일종의 '감'이다. 다른 이들의 말투를 지적하거나 어휘를 평가하기 위함이 아니라, 그 안에 불행의 씨앗이 있는 건 아닌지 보는 것이다. 적어도 내가 견딜 수 없는 종류의.

—

우리는 인생을 우리가 선택하지 않은 사람들과 시작했다. 나이를 먹으며 우리는 선택할 수 없었던 사랑하는 사람들과 충돌하고, 조정하고, 타협하고, 배우며 각자의 언어를 허물고 다시 짓기를 반복한다.

가족은 소중하지만 나에게 전혀 선택권이 없는 영역이기도 했다. 혈연이 아니었다면 딱히 친밀히 지내고 싶지 않았을 친척이 누구에게나 한 명쯤은 있을 것이다. 시간이 지나 어린 시절 친구들과 멀어지면서 왜 이렇게 되었는지 어리둥절할 때도 있고 때로 슬프기도 하지만, 어린 시절 친구들이 대개 어쩌다 같은 동네에 살게 되었거나 같은 학교에 다니게 된 것으로 시작된 관계라는 걸 감안하면 그리 이상할 것도 없다. 지역과 위계에 얽매이지 않고 소통할 수 있는 SNS가 등장하면서 요즘엔 마음 맞는 친구들을 오히려 먼 곳에서 찾기도 한다.

누구나 자기가 편안하게 느끼는 말의 군락이 따로 있다. 그리고 거기부터 서로를 선택하는 말의 여정이 시작된다. 서로를 알아보고 선택한 사람들과의 관계는 온전히 나의 책임이다. 그래서인지 시행착오는 가끔 회복하기 어렵거나 회복이 아주 오래 걸리는 상처로 돌아오기도 했다. 그러나 성공적인 선택들은 지속적이고 안정적인 관계를 맺게 해주었다. 하지 못한 말과 혼란한 감정이 쌓이기 전에, 혹은 쌓인 후에라도 우리가 이해하는 말로 중간에서 다시 만날 수 있는 귀한 관계들을.

언어로 그의 본모습을 전부 알아볼 수는 없는 일이다. 그러나 세상의 어디가 숲이고 어디가 늪인지 아무도 말해주지 않는다면 내가 찾는 수밖에는 없다. 내 시시한 농담에 웃어주고 묻지도 않은 질문에 답해주었던 사람들, 이제 끝장이라는 선명한 감각조차 사치일 정도로 절망적인 상황에 몰렸을 때 내 장황하고 자신 없는 설명을 듣고도 나를 재워주고 내 짐을 들어주었던 사람들 덕에 나는 아주 멀리까지 갔다 왔고, 잘 지냈을 뿐 아니라 번영했고, 내가 누군지 확신하는 일이 가능하다는 것을 알았다. 그리고 이 모든 것들이 나의 길 찾는 능력과 주소 기억하는 능력을 대신하는, 말 찾아가는 능력에서 왔다고 생각한다.

—

　　　　　　　우리는 끊임없이 서로에게 신호를 보낸다. 때로는 아무 말도 하지 않는 것조차 신호이다. 세상에 가득한, 명멸하는 신호 가운데 나는 한국어와 영어를 내 등대로 삼았다. 모국어에 말 하나를 더하고 나서 나는 비로소 세상이 그렇게까지 두렵지 않다는 것을 알게 되었다. 대명사가 얼마든지 있는 문장을 영어로 신나게 적어 내려가며 내 언어를 찾았다고 느꼈고, 동시에 "꼭 연락드릴게요"보다는 "그 날짜에 별표 쳐놓을게요!"가 더 효율적인 한국어일 때가 있다는 것도 깨달았다. 바이링구얼리즘Bilingualism은 내가 무얼 보고 있는지를 판별해주는 렌즈이자 너무 따가운 모국어로부터 나를 숨겨주는 양산이기도 했다.

　그저 '영어라는 국제어를 하기 때문에 얻는 이득'으로만 이해하지 않았으면 한다. 영어를 하는 나는 한국어를 하는 내가 보지 못하는 신나는 가능성과 미세한 감정의 눈금들을 본다. 한국어를 하는 나는 의심이 많고 회의적이어서, 영어를 하는 내가 피하지 못했을 함정을 찾아내고 목적지까지의 지름길을 도출한다.

언어를 배우는 것이 만병통치약은 절대 아니다. 누군가에게는 더없이 스트레스가 되는 일일 수도 있고 시간과 노력이, 때로는 적지 않은 돈이 든다. 어디가 완결인지도 모르겠고 이유 모를 수치심과 자괴감이 가끔 벼락같이 나를 찾아온다. 나도 그랬다. 그리고 세상은 아직도 내가 이해하지 못하는 신호로 가득하다.

어디가 내 자리인지를 알아내는 일은 여전히 수수께끼이지만, 이것만은 확실히 말할 수 있다. 이중언어가 나와 세상과의 대치 상태에 비로소 납득할 만한 평화를 주었다는 것, 그리고 그 안정감은 내가 스스로에게 해준 것 중 가장 좋은 일이었다는 것이다. 이 이야기를 읽고 있는 당신에게도 바이링구얼리즘이 다음 신호를 알아볼 새 안경이 되어줄 수 있을지 모른다.

# 2부

## 영어라는 렌즈

English
as a Linguistic
Lens

# 나쁜 버릇에도 이름이 있다

나에게는 오랜, 좋지 않은 버릇이 있다. 불안하거나 초조할 때 손톱 주변 피부를 뜯어내는 것, 그리고 일명 '돼지털'이라 불리는 곱슬거리는 머리카락을 골라내서 뽑는 것. 손끝을 쥐어뜯는 버릇은 초등학교 저학년 때, 머리카락을 뽑는 건 중학교 때 시작되었다.

손끝은 가을이 되면 건조해진다. 말랑하던 부분이 굳으며 다른 손가락으로 건드리기 좋게 각이 잡힌다. 특히 손톱 주위의 거스러미가 그렇다. 매끈하지 않은 그 피부의 요철을 마치 염주 세듯 손가락 끝으로 쉼 없이 매만지며 마음의 안정을 얻다가 툭, 잡아 뜯어 곧잘 피를 보곤 했다. 피부가 이런 식으로 괴롭힘을 당하면 염증이 생겨 부풀어 오르거나 딱딱하게 굳는다. 그러면 만질거리가 더 생기는 셈이다. 뜯어내는 부위가 확장된다. 고등학생 때는 증세가 너무 심각해서 연필이 닿는 손가락 부위에 힘을 줄 수가 없을 지경이었다. 손가락 반이 넘도록 뜯고 또 뜯어 항상 손이 퉁퉁 부어있었다. 이것 때문에 벌도 많이 받고, 맞기까지 했다. 열 살 때인가 발가벗고 현관문 밖으로 쫓겨난 적도 있다. 아마 그래서 더 순조롭게 악화되었을 것이다.

만신창이가 된 손으로 사회생활을 할 수는 없었기에 성인이 되어 증세는 천천히, 그러나 확실히 좋아졌다. 이제 손을 활짝 펼치고 남에게 보여줄 수 있게 되었다. 그러나 아직도 기온이 떨어지고 공기가 건조해지는 계절이 되면 교묘하게 괴롭힌 엄지의 작은 상처가 선명해지곤 한다. 제 손끝을 매만지며 걸리는 부분을 찾아내 반복해서 괴롭히는 쾌감은 아마 죽는 순간까지 잊을 수 없을 것이다. 고통과 초조함이 뒤범벅되어 미쳐버릴 것 같으면서도 이상하게 1분 1초를 지탱하게 해주던 기괴한 습관은, 그렇게 나의 일부가 되었다.

나는 반곱슬에 힘 있고 뻣뻣한, 굵고 건강한 모발을 타고 났다. 머리카락이 제멋대로 굴곡져 자라는 데다 비가 오면 주체할 수 없이 목도리도마뱀처럼 얼굴 주변으로 퍼져간다. 중학교 때 같은 학급의 누군가 "너는 돼지털이 많다"라면서 몇 개 뽑아준 이후로, 손끝으로 울퉁불퉁한 머리카락을 골라서 억지로 뜯어내는 것은 나의 비밀스러운 재미가 되어버렸다. 머리를 단정하게 몇 번이고 빗었는데도 반항하듯 튀어나온 돼지털을 뽑아내는 건 마치 병충해 맞은 작물을 솎아내는 듯한 쾌감을 가져다주었다. 스스로에게 벌주면서 느끼는 옅은 흥분에 도취되어 하루에 수십 개를 뽑아댔다. 어느 날 거울을 보다가 두피의 빈 공간을 발견할 때까지.

스스로 머리를 뽑다가 대머리가 되었다는 사연을 지닌 채 살기는 죽기보다 싫었기에 이 습관도 억지로 호전되었다. 그러나 역시 완전히 그만두지는 못했다. 이제는 뽑지 않고 조그만 쪽가위를 두피에 바싹 붙여 잘라낸다. 혼자 있을 때만. 제멋대로 휘고 꼬인 머리카락이 사형당해 책상 위에 얌전히 놓인 걸 보는 일은 여전히 내게 작은 기쁨을 주는 것 같다.

이 기벽이 나에게 낭비하게 한 에너지와 시간은 대체 얼마일까. 결국 스스로에게 상처를 가한 흔적이 바깥으로 드러나고서야 안간힘을 써서 멈춘, 나를 강박적으로 몰두하게 만든 이 거대한 동력은 무엇이었을까. 집요하게 물어뜯어 퉁퉁 부은 손끝으로도 머리카락을 고르던 어린 시절에는 의문을 가져볼 생각도 못 했다.

누구도 이 증세와 나를 분리해주지 않았고 집에서는 때리거나 이를 악물고 몰아붙였다. 쏟아지는 비난과 욕설을 들으며 나는 '언제 혼자가 되어 마음껏 손끝을 쥐어뜯나'만을 생각했다.

—

여기에 이름이 있고, 같은 고통을 겪는 사람들이 존재한다는 건 한참 뒤에야 알았다. 영어로 검색을 할 수 있게 되면서부터였다.

둘 다 강박장애OCD, obsessive-compulsive disorder를 겪는 사람들에게 흔히 발견되는 증상이라고 했다. 손끝을 뜯는 것은 더마틸로마니아dermatillomania라 불리며 신체에 집중된 반복 행동의 범주에 들어간다고. 세상에는 나 말고도 몸의 여기저기를 쥐어뜯으며 마음의 안정을 찾는 사람이 많으며 그들은 괴물이 아니라고.

모근을 뜯어내는 강박 증세는 트리코틸로마니아trichotillomania라 부른다는 것도 알게 되었다. 엄청나게 많은 사람들이 서로에게 질문하고, 자기의 경험을 나누고, 도움을 주고받고 있었다. 이 증상으로 유명한 연예인에는 샤를리즈 테론, 케이티 페리, 나오미 캠벨이 있다고 했다. 저렇게 빛나고 아름다운 사람들에게도 있는 것이 나에게 있다니, 안심이 되었다.

　많은 사람들이 보이는, 초조할 때 입술을 물어뜯거나 손톱을 잘근잘근 씹는 행위도 같은 이유에서 출발한다고 한다. 극단적으로 고통받는 사람들이 모여 만든 게시판도 있었다. 심리 치료를 받거나 약을 처방받기도 한다고 나와있었다. 그리고 그건 자기 파괴적인 행위라고 했다. 스스로를 조금씩 해치며 마음의 안정을 얻는 거라고. 건강하지 않기 때문에 도움이 필요하다고.

　나는 충격을 받았다. 나처럼 자기 자신을 중요하게 생각하는 사람이 왜 스스로를 해치면서 살았지? 아니 그보다 피가 나도록 손끝을 뜯고 멀쩡한 모근을 힘주어 뜯어내는 일이 '자기 파괴'라는 걸 왜 깨닫지 못했지? 왜 연결시키지 못했지?

　자기 파괴를 해왔다는 경악이 갑자기 두 증상을 마법처럼 멈추지는 못했지만 나는 당장 두피 전문 살롱으로 달려가 비싼 빗을 샀다. 머리카락을 뽑고 싶을 때면 커다란 빗으로 언제까지고 머리를 빗었다. 두피가 탄성을 내지르며 호흡하기 시작하는 걸 느끼며 자기 파괴의 반대는 스스로를 돌보는 일일 것이라고 되뇌었다.

　가족도 학교도 공동체로 돕지 못한 나의 고통을, 고통인 줄도 몰랐던 못생긴 비밀을, 몰래 혼자서만 즐기던 비뚤어진 감각의 만찬에 외부의 언어가 이름 붙여주지 않았더라면 나는 아직도 내가 스스로를 해친다고는 생각하지 못했을 것이다.

아예 증상에 대한 자각이나 정보 없이 살았을지 모른다. 혹은 운이 좋아 모국어로 정보를 찾았다 하더라도 비위생적이고, 신체 변형을 동반하며, 무섭고 더럽네요, 이렇게까지 심한 징그러운 사진을 보세요, 정신병이에요, 라고 무신경하게 말하는 블로그 따위를 보면서 또 머리카락을 고르고 있었을지 모른다.

현상에 이름이 붙고 진단이 따르고, 그 언어를 통해 바깥과 연결되는 경험은 거의 모든 것을 바꾸었다. 누구도 나를 도울 수 없을 때, 나조차 나를 돕는 데 관심이 없을 때 모든 것을 달라지게 하는 일은 아주 작은 데서 시작하는지도 모른다. 외부의 말로 붙은 이름을 배우는 것, 그 이름을 통해 내가 혼자가 아님을 아는 것.

내 고통이 세상에 나밖에 모르는 것이었다면 이름이 붙지는 않았을 것이다. 그 이름을 알고, 더듬더듬 읽고 그것이 남긴 흔적을 따라가는 일이 낫는 일의 시작이었다.

# 억울함을 쪼개고 쪼개면

나는 현재 12주 과정의 영어 수업을 운영한다. 영어교육을 전공하고 다양한 문화권의 여러 언어 사용자들을 가르쳐본 후에 내린 결론, 바이링구얼리즘이 반드시 필요하며 이것을 실감할 기회가 어학의 커리큘럼에 포함되어야 한다는 신념에 따라 수업을 계획한다.

그중 내가 가장 중요하게 여기는 세션 중 하나는 한국어 감정을 영어로 옮기는 수업이다. 영어 서사의 특징 때문이다. "아침 8시에 일어나서 참치 김밥을 먹었고 버스를 타고 출근했다가 퇴근 후에는 교보문고에 들렀다" 식으로 사건을 나열하는 것을 편안하게 여기는 한국어 서사와 달리 영어는 "우리는 사방의 창이 모두 푸른 숲을 향해 나있는 박사의 주방에서 마호가니 테이블에 앉아 대화를 시작했다"처럼 삼차원 공간 정보를 포함한 시각적 묘사를 중히 여긴다.

또 하나 중요한 영어 서사의 특징은 인물의 감정을 묘사하는 데 에너지를 많이 쓴다는 것이다. 한국어 사용자가 모국어로 하던 습관대로 감정을 전면에 드러내지 않고 사건 중심으로 서술하면서 영어 글을 써보려고 하면 어쩐지 어색하고 시작도 끝도 없는 것처럼 느껴지는 것이 이 때문이다. 그러므로 내 감정에 대해, 생겨났다가도 순식간에 사라지고 불쾌한 끝맛을 남기기도 하고 때로는 "기분이 별로다"라는 말 이외에는 표현할 길이 없어 보이는 그 감정에 대해 진지하게 질문하고 그에 맞는 언어를 찾는 것은 영어를 내 언어로 구사하기 위해 반드시 필요한 작업이다.

—

이 작업은 90분 안에 끝내기에는 너무 치열하며 학생들에게 많은 생각할 거리를 남기곤 한다. 많은 이들이 '억울'이나 '서운' 같은 한국어 감정을 영어로 분해해보는 활동을 매우 흥미로워한다.

한국어의 감정 형용어 중 72%가 부정적인 감정이라는 연구가 있을 정도로 우리는 '나쁜 기분'을 언어로 표현하려 애쓴다. 그중 노출 빈도가 가장 잦은 것들이 억울과 서운이다. 이를 영어의 부정적인 감정과 대응시켜 그 실체를 끝까지 파헤쳐보는 작업을 시작하면서 나는 우선 묻는다.

"억울했던 때를 떠올려보세요. 슬퍼요?" 예닐곱의 학생 중 일부가 고개를 끄덕인다. 나는 sad에 동그라미를 친다.

"그럼 화는 어때요? 화가 나요?" 아까보다 많은 학생들이 반응을 보인다. 나는 angry에도 동그라미를 친다.

"무서워요?" 다들 고개를 젓는다. scared는 해당 사항이 없다.

"좌절스러워요? 외로워요? 모욕당한 느낌이에요? 속았다는 생각이 들어요?" 질문은 계속 이어지고 나는 감정들을 더한다.

슬프고, 좌절스럽고, 화가 나고, 약간은 모욕당한 것 같은 느낌, 그 외에도 사실 각자에게 조금씩 다른 것, 우리가 합의하지 못한 이 거대한 부정적인 감정의 덩어리인 억울함.

우리는 좋아하는 가수의 공연을 예매하지 못했을 때에도 억울함을 느끼고 엄마가 동생에게만 컴퓨터 게임을 허락했을 때도 억울함을 느끼고 새로 장만한 핸

드폰 배터리에 출고시부터 하자가 있었음을 알게 되었을 때 억울함을 느끼고 가족들이 다 자는 시간에 혼자 일어나 식사 준비를 해야 할 때도 억울함을 느낀다. '억울'이 등장하는 여러 상황을 보면 오늘날 억울함은 그저 부당함unfairness에 대항해 생기는 감정을 지칭하는 것만은 아님을 알 수 있다. 억울함은 크고 작은 모든 일에 남용되고 별로인 기분을 가장 잘 알리는 한마디이며 일종의 시대정신이 되었다. 나는 울면서 억울해할 수도 있고 웃으면서 억울해할 수도 있다. 억울이 커버하는 감정의 영역은 너무도 커져서 내가 어떤 감정을 느끼는지, 뭘 해야 하는지에 대해 거의 어떤 도움도 줄 수 없는 언어가 되고 말았다.

억울이 얼마나 침습적인 감정이냐 하면, 우리는 이제 남이 억울한 것에도 민감해졌다. 특히 나보다 지위가 낮은 누군가가 나의 행동에 불쾌한 반응을 보이는 것 같으면 "뭐가 억울해?"라며 방어적으로 반격한다. 아동이 부정적인 감정을 호소하거나 항의하는 데 대한 일종의 벌이자 수동 공격으로서 이 '억울'은 효과적으로 굴절한다. 상대의 입을 막아버린다.

억울은 대체 무엇일까? 종합해보면, 아주 여러가지의 부정적인 감정이고 개인마다 다른 것 같다. 나의 억울은 어린 시절 동생과의 대립과 그에 대한 엄마의 처결에 매우 관련이 높은 감정이었으므로 그 억울에는 질투가 깊숙이 관여하고 있었다. 반면 어떤 사람들은 자신의 억울에 질투는 없다고 했다.

많은 이들의 억울을 쪼개 들여다보니 거기에는 말할 수 없었던 분노가 있었다. 수신자를 잃어버린 분노가. 혹은 반복되는 좌절이 있었고 소통 단절이 있었다. 계속해서 사랑을 바치는데 더 내놓으라고만 하는 가족 구성원에 대한 오랜 원한이 있었다. 상대와 멀어져야만 해결되는 고통이 있었고 가끔은 지나친 자기 연민이 상상해낸 슬픔이 있었다. 수업에서 어떤 수강생은 불만족 unsatisfied과 무력감 feeling helpless 이 동시에 느껴지는 감정을 억울이라 정의하기도 했다. 억울의 핵심을 찌른 분석이다.

나는 어릴 때 "한은 한국인 고유의 정서이며 우리를 우리이게 하는 무엇이다"라고 귀에 못이 박히게 들어왔다. 자랑스럽게 여길 만한 것으로 들리기도 했다. 그러나 정의할 수 없는 복잡한 부정적인 감정의 거대한 덩어리를 귀신처럼 모시고 자랑스러워하면서 개개인이 건강하기를 바랄 수는 없는 노릇이다. 그 한이 21세기 한국어에서 '억울'의 모습을 하고 있다.

이제 한국어는 바깥 언어의 도움을 받을 수 있다. 모든 언어는 다른 언어와 상호작용하며 진화한다. 외부에서 오는 도움은 언제나 처음엔 두렵지만 그 시기를 극복하고 잘 받아들이면 새롭고 더 나은 것에 도달할 수 있다.

감정을 언어화하고 더 나아가 두 언어를 오가며 그 감정의 스펙트럼을 시험해보는 일은 당신의 마음에, 그리고 우리의 소통에 분명 큰 도움이 될 것이다.

## 가짜 공포 분리하기

수업의 일환으로 내게 영어를 배우는 수강생과 영어와 한국어를 섞어가며 메시지로 대화를 나누기도 한다. 얼마 전에도 내 수업에 들어오는 학생 중 한 명과 카카오톡 대화를 한 적이 있다. 어떻게 지내냐는 질문으로 시작한 대화 끝에 그는 "피곤하고 사는 게 넌더리 난다"라고 말했다. 임금은 물가가 오르는 속도를 따라잡지 못하고, 늙는 것은 무서우며, 돈 없이 늙는 것은 더욱 무섭다고. 노년에 폐지를 줍는 삶을 살면 어떡하나 걱정이 된다고 했다.

충분히 이해가 되는 걱정이다. 일일이 말하기에도 벅찬 고민들이다. 나 역시 '원하는 일을 하기 위해' 직장을 그만두었지만 하는 일마다 희망했던 대로 되지는 않는다. 미래에 대한 불안으로 밤잠을 설치는 일도 자주 있다.

그래서 일단 "나도 지친 상태이다 I'm exhausted, too" 라고 대답했다. 덧붙여 지친 것과 공포는 구분해야 하며, 머릿속에서 공포를 만들어낼 필요는 없고, 그 상상된 공포 때문에 지금 비참한miserable 것은 미래에 행복한 삶을 사는 것과 직접적인 연관이 없을 가능성이 크다고도 말해주었다.

물론 젊은 세대와 노년층의 가난은 집단적이고 총체적인 문제이며 모두가 힘을 합쳐 해결해야 한다. 임금은 낮고 물가는 비싼데 갖춰야 하는 물건은 점점 많아지고 고용은 불확실하며 수명은 길어진다. 내 학생의 대다수가 여성인데 이들의 임금은 더 낮고 고용은 더욱 불안정하다. 어떻게 다수의 미래를 긍정적으로 예측할 수 있겠는가? 그리고 이 모든 것들이 어떻게 내가 열심히 살지 않는 탓이겠는가?

분명히 이 질문들은 핀을 꽂아 큰 게시판에 더 많은 사람들이 보도록 올려두어야 할 사항이지만 내가 하나의 개체로서 잘 기능하기 위해 지금 이 순간 해야 할 질문들은 또 따로 있다.

—

나는 지금 무서운가? 무엇이 나를 무섭게 하고 있나? 무섭다는 말(늙는 거 무섭고 돈 없이 늙는 건 더 무서워요)은 내가 공포fear를 느끼고 있다는 명백한 언어 신호이다. 공포는 뇌의 편도체를 자극해 새로운 것을 학습하는 능력을 현저히 떨어뜨리고 '싸울 것인가 도망갈 것인가fight or flight를 결정하는 데 집중하는 능력'을 극대화시킨다. 그러므로 공포에 질린 상태는 논리적인 결정을 내리거나 스스로를 잘 돌보아주기에는 적절한 상태가 아니다.

공포, 특히 '가짜 공포'와 실제적인 위험을 분리하자. "이렇게 살다가는 나중에 폐지 줍는 할머니가 될지도 몰라"라고 말하는 순간, 뭔가 마음 속의 짐을 덜어낸 것 같고 후련할feel relieved 수도 있다. 내가 무엇을 두려워하고 있는지 최종 그림이 나왔기 때문이다.

그러나 자신의 그 한마디가 "길에서 폐지를 수집하는 할머니"라는 실체를 나의 삶과 연결하는 상당한 근거는 없는 발화일지도 모른다는 생각 역시 해보아야 한다. 지금 나의 고통과 불안은 지금 나의 것이다. 거기 없었던 공포를 만들어내는 것은 불필요한 고통이다.

"당신이 지금 결혼해서 가정을 꾸리지 않으면 불행

한 노년을 맞게 될 것이다" 혹은 "지금 이 보험 상품에 가입하지 않으면 나중에 큰 변을 당했을 때 매우 후회하게 될 것이다" 같은 외부의 잡음들이 어느새 내게 내면화된 것은 아닐까?

인생의 위험들을 모두 감수하라는 이야기는 아니다. 자신의 감정을 잘 살펴서 그것이 나를 질문하게 하는 것인지, 그래서 내가 답을 찾아갈 수 있게 하는 것인지, 아니면 겁에 질리게 만들어 더 이상의 생각을 닫게 shut down 만드는 것인지를 잘 구분해야 한다는 이야기를 하고 싶다.

—

이제야 하는 말이지만, 나도 무섭다. 그러나 내가 무서워하고 있다는 것, 그리고 그 공포가 내 행복에 도움이 되리라는 보장이 없고 오히려 방해가 될 가능성이 크다는 사실을 항상 상기하며, 매분 매초 싸우고 있다.

그러니 어지럽고 소란스러운 와중에도 불안하고 무섭다고 느낄 때는 공포가 인간의 역사 중 가장 오래된 감정 중 하나라는 것을 유념하자. 나를 겁주는 주체를 찾아 나서자. 원래는 무섭지 않았는데 주변에서 무서워하도록 학습시킨 것은 아닌지 생각해보자. 세상에는 공포로 돈을 아주 많이 버는 사업들이 존재하며 그래서 더 겁을 주는 사람들도 있다는 것을 기억하자. 공포가 전염성이 아주 강하다는 것을 상기하자.

싸울 전략을 세우자. 백 번 싸워 백 번 지더라도, 나는 공포에 지지는 않을 것이다. 당신도 그랬으면 좋겠다.

# 감정에 대응하는
# 언어가 없을 때 생기는 일들

나는 모 대학 안에 있었던 여고에 다녔다. 산비탈 위에 올라앉은 그 학교는 얼기설기 여러 갈래로 난 동네 골목길로 접근이 가능했다. 점심시간에는 남자 대학생들이 계단 아래에서 담배를 피우며 쳐다보기도 해서 별로 아늑하고 안전한 느낌은 아니었다.

'바바리맨'이라고 불리던 성폭력범이자 노출증, 성도착증 환자도 간혹 나타났다. 아이들의 반응은 다양했는데, 내가 본 가장 적절하고 용감한 대응은 혼자 운동장 벤치에서 밥을 먹다가, 운동장 아래 골목길에 바바리맨이 나타나 학생들이 웅성거리자 조용히 일어나 그에게 냅다 식판을 던져버린 3학년 언니였다. 깔깔대며 남자를 조롱하는 아이들, 큰 소리로 욕을 하는 아이들도 있었지만 두어 명은 얼굴을 일그러뜨리며 울었다. 그들은 울며 "짜증 나"라고 말했다.

그들이 정말 짜증이 나서 annoyed 울었을까? 거의 20년이 지난 후에야 나는 다시 생각 해보게 된다. 정말 짜증만 나서 우는 사람이 있을지도 모른다. 하지만 그들이 처한 상황을 생각해보면, 아마도 무서웠던 scared 것이다. 안전하지 못한 unsafe 느낌이었을 것이고, 아마 역겨웠을 disgusted 것이며 어쩌면 신체적인 위협 physically threatened 을 느꼈을지도 모른다.

그러나 이런 표현들을 우리가 한국어로 모르지 않았는데도, 고등학교 1학년으로서 한 번도 못 들어본 단어가 아니었음에도 불구하고 우리는 쉽게 눈물 범벅된 짜증으로 상황을 종결했다. 실제로 사용할 수 있는 언어, 말해서 용인되는 단어는 한정돼있었다. 우리는 별로 많은 언어를 갖지 못한 또래집단과 우리의 경험에 그닥 관심이 없는 교사와 부모라는 좁은 세계에서 그나마 옮겨 다닐 수 있는 언어를 선택한 것이다. 그건 "짜증 난다"라는 말이었고, 결국 짜증이 나면 우는 사람이 되어버렸다. 명백한 성폭력을 당했고, 무방비한 미성년자였고, 성인에게 도움을 요청할 수 있어야 했음에도.

북유럽 신화와 영웅의 연대기, 즉 중세 문학을 읽어보면 거기에는 공통적으로 결여된 무언가가 있다. 인물들이 어떤 감정을 느끼는지에 대한 서술이다. 1230년에 쓰인 「섬 사람들의 영웅 전설Sagas of the Islanders」에서, 해럴드 왕이 얼마나 빠르게 얼마나 많은 적을 물리치고 아군을 보듬었는지에 대해서는 장황하게 나와있지만 왕이 어떤 생각을 했는지, 복수가 그를 자유롭고 편안하게 했는지 혹은 오히려 공허하고 슬프게 만들었는지는 알 길이 없다.

여기에 대해서는 여러 설명이 있는데, 그중 하나는 '정해진 역할에 따라 기대되는 행동만 하는 개인들이 모인 사회에서는 남의 감정은 물론 스스로의 감정을 알 필요조차 없다'는 것이었다. 나는 한 과학 잡지에서 이 대목을 반복해서 읽었고 가슴이 아파서 잠시 쉬었다가 다시 읽었다.

그리고 나는 어느 가을날 학교 창문 너머에, 운동장 입구에, 혹은 어두운 골목길에 아무 제지도 받지 않고 나타난 반라의 미친놈을 목격한 십 대 여자아이들이 아직도 두려움과 불편함을 '짜증'으로 퉁치며 살아가고 있지 않을까 걱정하게 되는 것이다. 너무 짜증이 나, 어떡하지? 나는 짜증이 나면 울어, 이러면 안 되는데, 하면서.

약하고 나긋나긋한 소녀이길 기대받는 성별 계급과 말대답 않고 성인이 시키는 대로 깍듯이 받들기를 기대받는 나이 계급이 합쳐지면 우리의 십 대 소녀들은 심리적인 학대에 가장 취약한 집단 중 하나일 것이다. 여자친구가 가장 무서울 때가 "내가 왜 화났는지 몰라?"라고 묻는 순간이라며 우스개 삼는 어떤 남자들을 보면 그의 여자친구가 그간 자신의 감정을 전달하기 위해 적당한 언어를 찾느라 얼마나 애썼을지부터 생각하게 된다. 그리고 결국 스스로에게 허락된 언어의 빈곤으로 좌절한 후 마지막으로 품었을 기대를 이해하게 된다. 그 기대의 정체는 상대방이 갑자기 자기의 입장을 찰떡처럼 헤아려주는 기적이었을 것으로 짐작이 간다.

들어주는 사람이 없다면 세분화된 감정을 느낄 필요도 없는 것이다. 부정적인 감정은 죄 짜증 나고 억울한 것으로 치고, 좋은 감정은 혼자 잠깐 행복해하면 된다.

"나는 좌절스럽고, 화가 났으며, 존중받지 못한 느낌이 들어. 나를 존중해 줘."

이렇게 말해봐야 유난스러운 취급이나 받기 일쑤인 환경에서는 나조차 내가 어떤 감정을 느끼는지 잊는 쪽이 편할 수 있다. 속에서 치밀어오르는 것이 분노인지,

짜증인지, 죄책감인지, 슬픔인지 제대로 이름 붙이지 않은 채 술이나 마시고 다음 날 아침이면 모두 잊어버렸다 여기며 하루를 다시 시작하는 편이 쉬울지도 모른다.

—

수년 전에 만나던 남자친구가 있었다. 우리 둘 사이에 별 문제가 없다고 생각했는데 갑자기 어이없게 관계가 끝나버렸고, 나는 그 무책임한 마지막에 한동안 분노했다. 친한 사람들만 만나면 뭐가 문제였을지, 그가 잘못한 게 뭔지, 내가 얼마나 관대했는지에 대해 끝없이 복기해댔다. 주변 사람들이 신물이 날 무렵 나는 친구들을 만나러 뉴욕에 갔고, 오랜만에 만난 친구에게 이전 남자와의 이별 소식을 알렸다.

친구는 망설임 없이 바로 물었다. "How do you feel about it?" 그 이별에 대해 내 감정이 어떠하냐고. 어쩌다 헤어졌는지, 누가 차고 누가 차였는지, 누가 뭘 얼마나 잘못했는지에 대해서는 전혀 묻지 않았다. 나는 곰곰 생각한 끝에 대답했다.

"혼란스러워. 그리고 슬퍼 I'm confused. And I'm sad."

나는 사실 그에게 화가 난 것이 아니었다. 계속 분노할 만한 애정이 남은 것도 아니었다. 회복할 수 없는 상처가 남을 정도로 강렬하고 밀도 있는 관계조차 아니었다. 나는 그저 그런 방식의 결론을 이해할 수 없었고, 새로 사귄 친밀한 인간을 하나 잃은 것이 슬펐을 뿐이었다. 서로에게 아무 할 말이 남지 않은 관계였다.

내가 정말 어떻게 느끼는지를 친구에게 입 밖에 내 설명하는 순간, 방향 잃은 나의 슬픔도 끝났다. 미래가 없는 관계에는 적절한 애도가 필요하지 과거로의 회귀가 필요한 것이 아니었으므로.

# 뭘 잘해야만 울 수 있나요

얼마 전에 한국 드라마를 보다가 한국어가 닦아놓은 언어의 길에 대해 생각해보게 되었다. 여자 주인공에게 헤어진 남자친구가 만나자고 해 만났더니 강압적으로 키스를 하고 몸을 밀치는 게 아닌가. 성적 괴롭힘과 폭행을 겪은 여자 주인공이 울면서 피해 사실을 호소하는데, 가장 친한 친구가 함께 속상해하면서 여자 주인공에게(즉 피해자에게) "뭘 잘했다고 울어?"라 타박하듯 말하는 장면에서였다.

'네가 뭘 잘했다고 우느냐'는 일종의 관용어구는, 보통 (울고 있는) 피해자를 나무라는 데 사용된다는 점에서도 문제이지만, 대체 무슨 말인지를 알 수 없다는 점에서 일단 의문을 불러일으킨다.

"뭘 잘했다고 울어?"는 질문일까? 대답이 궁금해서 던지는 질문은 아닐 것이다. 많은 질문이 그렇듯(예시: 그래서 지금 네가 잘했다는 거야?) 수사적인 질문, 즉 답을 요구하는 것이 아니라 책망의 효과를 극대화하기 위해 물어보는 형태를 띠는 거라고 보는 게 적절하다. 이를 확실히 하기 위해서는 한국어가 아닌 다른 언어로 순순히 옮겨지는지 확인해보면 된다. "What did you do well(당신은 무언가를 잘했습니까)?"과 "Are you crying(울고 있어)?"은 "What is it about(그건 무엇 때문입니까)?"과 "Are you crying?"이 합쳐진 "What are you crying about(무엇 때문에 울고 있습니까?)" 처럼 이중 의문으로 구성되지 않고 서로 충돌한다. 말이 안 되는 질문이어서 그렇다.

말이 안 되는, 즉 대답할 수 없는 질문은 진짜 질문이 아니다. 그렇다면 이 말 안 되는 질문의 내용을 해체해보자. 무언가를 잘해서 그 상으로 주어지는 것이 울 권리라면 잘못을 한 사람, 즉 죄를 지은 사람에게는 울 권리가 없다는 것일까? 울고 있는 사람에게 자격을 논하는 것은 잔인하고 불필요한 일이지 않을까? 그리고 마지막으로 이 발화의 진의를 추측해볼 때, "너는 잘한 일이 없으므로 (중간의 논리는 생략) 울 자격 또한 없다"라면 궁극적으로는 "너는 울음을 그쳐야 한다"는 요청이기도 한 것일까?

울고 있는 사람에게 하는 말로는 너무 이상한데도 여전히 널리, 자주 쓰인다. 자꾸 쓰이는 말에는 이유가 있겠지 싶어 어떻게든 숨은 의미를 찾아보자면, "아무튼 우는 것은 네게 좋지 않으니 그만 울어라"라는 좋은 의도인 것일까? 그렇다면 "뭘 잘했다고 울어?"는 실은 면박을 주는 게 아니라 달래는 맥락에서 쓰여야 하는 것일까? 그렇다 치면 문제없이 이해하고 넘어갈 수 있는 것일까? 아니면 울음을 그치라는 윽박지름일까? 만약 그렇다면 다시, 잔인하고 불필요하지 않은가?

이 모든 사항에 대한 합의가 전혀 없는 상황에서 이 말을 굳이 하고 나서 송신자와 수신자의 심경은 어떻게 다를까? 더 나아질까? 더 나빠질까? 좋고 나쁨으로는 설명할 수 없는, 한국인만 이해할 수 있는 어떤 복잡한 것일까? 수많은 질문이 생기지만 모두가 하나로 귀결된다. "뭘 잘했다고 울어"는 청자와 화자 사이에 오가는 신호를 모두 교란시킨다.

—

내 수업을 수강하는 한 학원 선

생님이 들려준 이야기가 있다. 그가 가르치는 아동 중 한 명이 수업 시간 중에 반복적으로, 그리고 지속적으로 "그런데 지금 뭐하는 거예요?"라는 질문을 했다고 한다. 관찰한 바에 의하면, 그 아동은 액체괴물을 만지는 등 손으로 딴짓을 계속하며 수업에 집중하지 못하다가 문득 고개를 들고 '지금 무슨 일이 일어나고 있는지' 묻는다는 거였다.

이 이야기를 강사 회의에서 꺼내자, 다른 선생님 하나가 "그래서 작년에 내가 엄청 야단쳤잖아요, 눈치 없다고"라며 그의 고충에 공감을 표했다고 한다. 그러나 내게 그 이야기를 들려준 선생님은 다른 생각이 들었다고 했다. 눈치가 없다니, 그게 무슨 말이지? 수업 시간에 집중하지 못한 것에 대해 주의를 주고 싶었다면 차라리 "수업을 안 듣고 있었니? 무슨 문제가 있니?"라고 되물었어야 하지 않았을까 하는 생각이 들었다고 했다.

모두 열심히 공부하는 수업 분위기를 깬 것에 대한 지적하고자 했다면 "친구들이 공부하는데 방해하지 말아라"라거나 "질문은 나중에 해라"라고 직접적인 메시지를 전달해야 한다. (하지만 그렇다면 다시, 질문은 아무 때나 하면 안되는 것일까?)

"뭘 잘했다고 울어?"로 돌아가 둘을 만나게 해보자.

"너는 눈치가 없다"는 왜 "집중해라"를 이기고 그 자리에 들어왔을까? 눈치를 언급한 선생님에게 문제가 있는 것일까? 언어의 맥락이 그 지점에 그 발화를 골라 넣은 것은 아닐까? 우리는 평소에 정말 우리가 하는 말을 통제하고 있을까?

—

　　　　　언어가 감옥이라면Languages is a prison for our thoughts 간수는 그 언어가 닦아놓은 길이다. 관용어구가 될 수도 있고, 사자성어가 될 수도 있고, '앵두같은 입술'이나 '도도히 흐르는 강물'처럼 흔한 형용어와 명사와 만남일 수도 있다.

　폭력이나 괴롭힘으로 인한 좌절감을 호소하며 우는 피해자에게 그 가족이나 친구가 "뭘 잘했다고 울어?"라고 말하는 일이 자연스럽게 느껴지는 언어라면, 그건 그 언어가 진작에 닦아놓은 길일 수도 있는 것이다.

　눈물을 흘릴 자격에 대해서 관심이 있다기 보다, 이미 감정적으로 곤란에 처한 사람에게 자신의 권위를 확인하고 동시에 더 이상의 고발을 막으려는 것이 발화의 목적이라면? 말한 사람에게 상처 줄 의도는 없지만 학습된 기억에 의하여 일종의 사회적 대본을 수행하고 있는 거라면?

내가 열심히 강의하는 와중에 "지금 무슨 얘기하는 거예요?"라고 누군가 물었을 때,

a. 큰 소리로 질문해서 수업의 맥을 끊어놓는 사람
b. 수업에 집중할 수 없음을 드러내는 사람

a와 b 중 무엇을 보는지를 선택하는 것이 나인가, 내 언어의 습관인가? 그 상황에 반응하기 전에 나는 무엇을 보고 듣고 느끼고 결정하는가? 내가 사용하는 언어가 그것의 올바른 채널이 되어주는가?

내가 a만을 보기로 선택한다면 순간적으로 짜증이 치밀 수도 있다. 그러나 b를 보기로 선택한다면 질문자가 수업을 따라오지 못하고 있었음을 인식하고 해결책을 강구할 수도 있다.

"뭘 잘했다고 우냐니, 내가 뭘 잘못했다는 말이야?"라고 따져 물으면 어떻게 대답해야 할지 알 수가 없다는 점에서, 우는 이를 진정으로 염려하거나 위로하는 사람은 "뭘 잘했다고 울어?"를 자기의 언어로 받아들여서는 안 된다. 어떤 이유에선지 우는 이가 밉다고 해도 마찬가지다. "뭘 잘했다고 울어?"는 맥락 내에서 막다

른 길을 만들어내며 혼란과 좌절을 야기한다는 점에서 인간이 언어에서, 언어가 사용하고 있는 대본에서 적극적으로 제거해야 하는 일종의 바이러스다.

우리에게 이제 "뭘 잘했다고 울어"를 낯설게 바라볼 수 있는 다른 언어가 있다는 점을 기억하면 내가 외부 세계와 주고받는 신호는 좀 더 분명해진다. 나에게 뭘 어쩌라는 건지 모를 신호가 들어왔을 때 그 발화가 어떻게 번역될 수 있을지, 번역할 수 있다면 해당 상황에 재조립했을 때도 여전히 한국어처럼 잘 버티고 있을지 생각해보는 것이다.

## 누르스름과 누리끼리는
## 정말 색깔 이름일까?

어릴 때부터 학교 국어 시간에, 혹은 일간지 사설에서 '한국어는 여러 색을 지칭하는 형용사가 많은 언어'라는 주장을 자주 접했다. 이를 증명하는 사례로 노란, 샛노란, 누런, 누르스름한, 노리끼리한, 누르죽죽한 등의 형용어를 드는 것도 많이 보았다. 일단 같은 스펙트럼 안에 있는 색을 표현하는 단어 가짓수가 많으니 별 의문을 갖지 않고 그런가 보다 했던 것 같다.

　이 색깔 이름들에 의문을 품게 된 것은 아주 나중의 일이다. 주변 사람들이 자신의 안색이 좋지 않음을 한탄할 때, 열심히 요리했는데 결과물의 색감이 마음에 들지 않을 때 언급하는 색의 이름은 반드시 "노리끼리", "푸르죽죽", "시커먼" 등이었다.

그 많은 한국어의 색상 이름은 대개는 정말 색상표에 올릴 수 있을 만한, 명료하게 구분되는 색을 지칭하는 것이 아니었다. '응당 이런 색이어야 하는 것이 무언가 다른 톤을 띠고 있기 때문에 그 부분을 언급하고 싶은 마음'이 들어서 사용할 뿐이지 레몬색과 황금색처럼 서로 동등하게 다른 것이 아니었다.

당장 구글 이미지 검색에서 '노리끼리'를 쳐보면 치아 화이트닝 시술의 전후 사진이 뜬다. 시술 전 치아 사진은 흔히 말하는 착색된 상태이다. 색으로만 치면 흰색보다는 노란색에 가깝다. 베이지나 아이보리에 가까울지도 모르겠다. 시술 후 사진을 보면 그야말로 스노우 화이트, 눈처럼 흰색이다. 상쾌하고 깨끗해 보인다.

그래서 "누리끼리한 치아를 새하얗게"라는 카피가 "노란 치아를 하얀색으로"보다 호소력을 갖게 되는 것이다. 대상에 대한 감정을 담지 않고도 누리끼리한 가을 논밭, 누리끼리한 강아지 털이라고 말하는 사람도 있겠으나, 현대 한국어에서 누리끼리가 지칭하는 것은 '마음에 들지 않는 노란색'이라는 의미에 가깝다. 산뜻하게 노란 톤의 봄옷을 차려 입고 나갔는데 누가 "노란색 옷을 입었구나!"라고 하지 않고 "누리끼리한 옷을 입었네"라고 하면 기분이 상한다. 언어 안에 감정과 판단이 들어가있기 때문이다.

즉, 내가 무언가를 보고 노랗거나 까맣거나 희다고 하지 않고 누리끼리하다거나 거무죽죽하다거나 허여멀 겋다고 하면, 그것은 단지 색상을 다르게 지칭한 것이 아니라 평가한 것이 된다. 우리 언어는 색상 이름 안에 도 주관적인 판단을 숨겨놓았다.

—

언어는 인간의 사고를 표현하는 수단이기도 하지만, 사고를 가두는 틀이 되기도 한다. "많이 처먹어라!" 같은 경멸의 말을 쓰면서 상대를 보면 그 언어가 가진 만큼의 공격성이 그 사람에 대한 감정에 더해진다. "너 이마빡에 그게 뭐야?"라고 질문 하면 그것은 더 이상 "What's that on your forehead(너 의 이마에 그게 무엇이야)?"라는 질문이 아니게 된다. 질 문과 모욕을 동시에 주면서 발화의 진짜 메시지를 흐리 는 것이다. 친근하게 한답시고 던진 말이 상대에게 불 쾌감을 남기는 상황이 이래서 발생한다.

게다가 이전 글에서 밝혔듯이 한국어의 특정 어휘 나 일부 어미는 철저히 위계를 따른다. 교수님이나 대 통령에게 "똑바로 서세요"라고 말하기는 힘들다. "정

자세를 취해주시겠습니까?"가 고작일 것이다. 말을 꺼내기도 전에 이미 언어에 호흡 곤란과 과부하가 온다. 말 걸기가 힘든 사람일수록 성공한 사람이 된다. 위계에 민감하지 않은 언어로 번역하면 "Stand straight, please"라고 해버리면 그만이다.

—

그러니 만약 스스로에게 "How am I feeling now?"라고 물었을 때 곤란할 정도의 분노나 좌절감이 들었다면, 한국어로 생각하거나 말하는 것을 잠시 멈추고 영어로 전환해보자. 누군가 내게 이유 없는 공격성을 드러냈다면 간단한 영어로 번역해보자.

"You're late" 정도면 충분했을 말을 "어딜 그렇게 싸다니다 이제 기어들어와?"라고 말하는 사람이 있을 때, 한국어 이외의 말로는 좀처럼 번역되지 않는 저 공격성을 인지하고, 그 도발에 응하지 않기로 결정할 수도 있는 일이다.

한국어는 대단히 흥미로우며 섬세한 언어이다. 위계와 분위기를 매우 잘 읽어내며 주변을 배려한다. 다만 매우 여러 겹의 모욕을 다른 언어보다 훨씬 효율적으로 전달하는 재능이 있는 것도 사실이다. 그래서 f로 시작하는 영어 욕이 다채로운 한국어 욕의 카타르시스를 못 따라가는지도 모른다.

말이, 언어가, 대화가 거기에 필요 없는 감정을 끌어온다면, 오늘부터 바로 인지하고 분류하는 연습을 해보기를 권한다. 생각 외로 많은 것이 달라질 것이다.

# 한국인의 기분KIBUN

"진실보다 남의 품위를 중요하게 여기는 문화권도 있어요(미국에서와 달리). 한국에서는 그걸 기분kibun 이라고 부르죠."

한국에서 큰 인기를 끈 미국 드라마 중 〈오렌지 이즈 더 뉴 블랙Orange is the new black〉이라는 시리즈가 있다. 미국 감옥의 여성 재소자 이야기를 다룬 프로그램인데, 이 미드의 주인공인 파이퍼가 갑자기 한국어 단어를 끄집어내는 바람에 인터넷에서 화제가 된 적이 있다.

뉴욕에 있는 한 감옥에서 복역 중이던 파이퍼는 할머니의 장례를 치르기 위해 이틀간 집에 다녀오는 것을 허락받는다. 감옥 안의 모두가 질투하고 부러워하는 와중에 러시아계 주방 담당은 진지하게 "나의 자랑이자 사랑받는 동네 맛집이었던 내 러시아 식당에 가서 모든 게 예전처럼 잘 돌아가는지 보고 와줘요"라고 부탁한다. 파이퍼는 식당이 문을 닫은 것을 확인하지만 감옥에 돌아와서 차마 사실을 말하지 못하고 여전히 아주 인기 있는 식당이라고 전한다.

결국 이 거짓말은 들통난다. 식당이 망했다는 사실을 알게 되자 주방 담당은 파이퍼에게 화를 내고, 그때 파이퍼의 변명이 바로 이 말이다. 상대의 기분을 거스르지 않는 것이 진실보다 중요한 문화권도 있고, 자신은 그런 입장에서 행동했다는 것이다. 거짓말에 대한 해명치고는 철학적이기까지 하다.

—

그러나 파이퍼의 뻔뻔함을 웃어넘기더라도 영어로 해석한 '기분'은 바깥에서 안을 들여다봤을 때만 가능한 날카로운 통찰력을 보여주는데, 기분을 지켜주는 것이 누군가의 품위와 연관될 정도로 중요한 사회적 의식이라는 것을 꿰뚫어 보았다는 점에서 그러하다. 언어학자 에리카 오크런트 Arika Okrent 가 지적하듯이 '기분'은 다른 언어로 번역될 수 없는, 언어와 문화가 강력하게 결합한 한국만의 무엇이다.[1] 한국어가 아니면 온전히 표현할 수 없고 똑같은 맥락으로 쓸 수도 없다. 우리가 영어로 알고 있는 타이어를 한국어로 고무바퀴라고 설명해도 뭔가 미진함이 남는 것과 같다. 외부인으로서 그가 이해한 '기분'은 mood뿐 아니라 그 이상의, 인간관계와 밀접한 무언가를 뜻하는 단어다. 이 세계에서 내가 어떤 자리를 차지하는지, 나의 지위가 얼마나 높거나 낮은지를 항상 인식하는 정신적 상태를 말한다. 예를 들어 직장 상사의 기분을 (알아서) 헤아리는 것은 단지 인간에 대한 배려를 넘어선, 그의 지위에 대한 존중을 뜻한다는 것이다.

그래서 "내 기분 상하게 하지 마"라는 문장은 예의를 지켜달라는 뜻만도 아니고, 자기를 사랑해달라는 뜻만도 아니며, 자기가 누군지 알아달라는 것만 의미하지도 않는다. 내 기분과 그 기분을 결정하는 요인이 상호작용하는 세상은 그 모두를 포함하게 된다. 나를 존중해줘, 나를 보살펴줘, 나를 읽어줘, 라는 '말해지지 않은 무언가'가 기분으로 수렴한다. 그래서 기분은 결국 감

---

**1** ⟨'Orange is the New Black' said we did a story on the Korean word 'kibun,' so now we did⟩, www.pri.org, 2015. 6. 17.

정에 대한 이야기가 아닐 때가 많다.

또한 감정을 '기분'에 일임하는 것은 우리 마음의 여러 형태와 온도를 좋거나 나쁜 두 방향으로만 움직이는 일직선상에 가두는 것과 비슷하다. 그래서 나는 내 마음의 상태에 대해 제대로 소통하려면 때로는 기분 나쁘다는 것이 불쾌한feeling offended 쪽인지 혹은 죄책감을 느끼는feeling guilty 것인지 수치심을 느끼는feeling ashamed 것인지 명확하게 할 필요가 있다는 것이다.

'나쁜 기분'을 원형으로 두고, 거기서 세분화되는 슬픔, 공포, 혼란, 분노, 좌절 등을 다음의 큰 지표로 삼아 더듬더듬 찾아가다 보면 나의 일상을 소용돌이치게 하는 감정이 무엇인지, 그리고 그 원인으로 뭘 지목할 수 있을지가 드러나곤 했다.

긍정적인 감정일 때도 마찬가지다. 행복이란 단어는 너무 거창하고, 기쁘다고 말하는 건 소설 속 주인공의 대사 같다고 느껴질 때 나는 그냥 "오, 좋다!"라고 말하곤 했다. 친구들과 놀러간 펜션이 아주 예쁘고 넓어 마음에 들 때도 좋다고 말하고, 원하는 시험 성적이 나왔을 때도 좋다고 말했다. 스스로가 자랑스럽다거나feel proud 흥분된다excited, 희망차다hopeful고 말하기는 왠지 어색했다. 그래서 기분이 좋다거나 짱 좋다거나 존나 좋다거나 개좋은 식으로 약간의 변동은 있었지만 항상 그냥 "좋다"였다.

—

각 문화권마다 감정을 표현하는 언어가 다르다. 형용사의 개수가 다르고 표현하길 꺼리는 감정이 다르다. 북반구의 추운 문화권에 '한겨울 따뜻한 실내에 사람들과 모여 담소를 나누는 것의 아늑함'을 묘사하는 언어가 따로 있듯이[2] 한국어에는 분노와 좌절과 슬픔과 무력감을 한 번에 표현하는 '억울함'이 있다. 일본어에서 대외적으로 사용하는 나인 다테마에建前[3]와 진실과 더 가까우며 보통은 숨겨진 나를 뜻하는 혼네本音가 따로 존재하는 것처럼, 한국어에는 (본디 사랑과 애착에 관한 단어였다지만) 화자의 이득을 충족시켜주는 쪽으로 자유롭게 변용되기 쉬운 '정'이 있다.

흔히 사용되는 감정 단어의 스펙트럼이 대체로 긍

2  〈The untranslatable Scandinavian words for coziness describe a very particular winter joy〉, Olivia Goldhill, 《QUARTZ》, 2016. 1. 24.

3  〈Honne and Tatemae: Behind the Japanese Mask〉, Solange Harpham, 《Medium》, 2017. 1. 15.

정적인지 부정적인지조차 다르다. 한국어에서 흔히 쓰이는 감정단어는 400여 개이고 그중 부정적 감정이 무려 72%라는 연구 결과도 있다.[4] 이 자체로 좋고 나쁨을 가릴 수는 없으나 우리 문화권에서 부정적인 감정을 드러내는 것이 긍정적인 감정을 드러내는 것보다 쉽게 허용된다는 신호일 수는 있다. 감정을 세분화하지 않는 경향이 있는 데 비해 부정적인 감정만은 빈번하게 표출되고 있다면 그것은 '다듬어지지 않은 감정 덩어리가 자주 서로에게 가서 꽂히는' 상황이라고 볼 수도 있다. 짜증이 나거나 억울하거나 섭섭한 감정이 들었을 때, 다른 언어를 빌려 내 감정을 해체해보는 것은 그래서 더욱 해볼 만한 일이다.

파란색과 초록색의 이름을 따로 쓰지 않는 문화권의 이야기는 유명하다. 초록과 파랑을 같은 이름으로 부르기 때문에 실제로도 그 둘의 색 차이를 구분하지 못한다는 것이다. 한국에서도 한때 초록색을 파란색이라 불렀던 적이 있기에 신호등의 초록색 불을 파란불이라고 말하는 언어 습관이 널리 남아있다. 신호등의 불

---

**4** 〈한국어 감정단어 434개 72%가 불쾌한 감정 표현〉,《서울신문》, 2006. 2. 16.

빛은 역사상 한 번도 파란색 blue 인 적이 없다. 호주의 한 부족은 왼쪽, 오른쪽, 앞, 뒤 등의 1인칭 기준으로 공간을 인식하는 언어를 갖고 있지 않다. 대신 그들은 세계를 동서남북, 즉 4방위 기준으로 이해한다.[5] "컵을 왼쪽으로 옮겨봐. 아니 좀 더 위로" 대신 "컵을 북북서로 이동시켜"라는 식이다. 그래서 그들은 나침반이나 구글맵 없이 자신의 위치를 안다고 한다.

미국의 언어학자 레라 보로디츠키 Lera Boroditsky는 언어 구조의 차이가 생각의 차이를 불러온다고 주장하며 이 부족의 언어와 방위 파악 능력을 결정적 근거로 제시한다.[6] 말 그대로 언어가 생각하는 방식을 결정하며 The language we speak shapes the way we think 더 나아가 감각과 능력에도 매우 큰 차이를 가져온다는 것이다. 그는 2017년 TED 강연에서 "두 번째 언어를 갖는 것은 두 번째 영혼을 갖는 일이다"라는 샤를마뉴 Charlemagne 의 말과 "장미를 다른 이름으로 불러도 그 향기는 여전히 달콤할 것입니다"라고 한 셰익스피어를 인용한다.

---

[5]  〈5 Languages That Could Change the Way You See the World〉, Claire Cameron, 《Nautilus》, 2015. 3. 3.

[6]  〈How language shapes the way we think〉, Lera Boroditsky, TED Women 2017.

언어가 인식을 결정한다는 입장이 샤를마뉴, 언어는 실물 세계를 바꿀 수 없다는 주장이 셰익스피어로 대표된다 치면 이 두 시각의 대결은 매우 오래된 싸움이라는 것이다.

보로디츠키에 따르면, 쿡 타요르Kuuk Thaayorre 족의 놀라운 길 찾기 능력은 5세 아동에게서도 관찰된다고 한다. 다만 그들은 학교에서 방향 찾기 훈련을 하는 대신 언어에 깊이 스민 습관을 통해 배운다. 이 부족의 인사말은 "어떻게 지내십니까?"가 아닌 "어느 방향으로 갑니까?"라는 것이다. 하루에도 몇 번씩 "남동쪽으로 그리고 극동far east으로요"라는 대답을 해야만 한다면 결국 사회 구성원 모두 방향감각이 매우 발달할 수밖에 없다는 얘기였다.

종종 "밥 먹었니?"가 안부 인사를 대신하는 한국어를 생각해보면 더욱 흥미롭다. 이 질문에 답하기 위해서는 적어도 '내가 오늘 식사를 했는지 안 했는지'를 되짚어야 하고, 여러 사람을 만난다면 더욱 자주 상기해야 할 것이다. 그 질문에서 시작된 대화 역시 무얼 먹었고, 언제 어디서 먹었고, 혹은 누가 차려줬는지에 대한 것일 테이다. 그렇게 밥은 중요해지고 밥을 둘러싼 문화적 맥락은 강화되며 때로는 과장된다고 추론해보는 것도 무리가 아니다.

샤를마뉴가 옳은지 셰익스피어가 옳은지에 대해서는 아직도 열띤 논쟁이 벌어지고 있지만, 쿡 타요르의 인사말은 언어가 세상을 식별하는 데 얼마만큼의 힘이 있는지, 더 나아가 우리가 다른 언어를 빌렸을 때 얼마나 많은 새로운 일들이 가능할지에 대한 강력한 예시다.

—

'빨리빨리를 좋아하는 한국인', '화가 많은 한국인'을 문화권의 특성이려니 웃어넘기기에 이제는 우리 스스로를 괴롭히는 무언가가 되어버렸다. 하루에 열 번도 더 부글부글 올라오는 감정, 혹은 상대는 아무렇지도 않아 보이는데 갑자기 심박수가 올라가는 원인 모를 불안, 어린아이처럼 울어버리고 싶지만 왜 그런지는 알 수 없는 슬픔과 좌절은 우리의 초록이고 파랑일지도 모른다. 초록색을 파란색이라고 믿는 것처럼 분노를 억울함이라 믿고 있는 건 아닐까. 감정에 적절한 이름이 없는 것은 다른 사람들뿐 아니라 나 자신조차 혼란스러운 공간에 남겨 놓는다. 그래서 바깥의 말이, 새로운 단어의 수용이, 낯선 언어와의 만남이 우리에게 익숙한 감정을 넘어선 명징한 무언가가 있으리라는 희망을 준다. 미분화되지 않은 감정을, 다른 언어를 지도 삼아 샅샅이 살펴보는 일은 새로운 종류의 재미일 뿐 아니라 생각의 근육을 연마하는 일이기까지 하다.

감정의 스펙트럼을 새로 배우는 것, 외국인들이나 쓰는 이국적이고 유난한 무언가라 생각했던 색색의 형용사를 내면화하는 것, 내 마음을 오래 들여다보고 이름 붙이는 것은 내게 다른 세상을 열어주고 관계를 맺고 키우는 방식을 변화시켰다. 그냥 우울한 게 아니라 좌절frustrated하고 실망disappointed한 것, 그냥 짜증나는 게 아니라 초조nervous한 것, 억울한 게 아니라 분노한enraged 것. 때때로 다른 언어로 내 기분을 다시 해석해보면 나를 더 잘 이해할 수 있었다. 그리고 내가 나를 끌어안고 나아가는 무거운 발걸음을 다소나마 덜어주었다.

# 어느 외로운 밤
## 시리와의 대화

술을 마셔도 되는 나이가 되자마자 나는 술을 너무나도 좋아하게 되었다. 항상 지나치게 고민하고 긴장하는 내게 주변 사물을 뿌옇게 블러 처리해주는 알코올은 그야말로 그리스 신화에 나오는 신의 음료였다. 생맥주 500cc를 한 잔 들이켜면 얼굴 근육이 풀어지고 잘 웃는 사람이 되었다. 단어를 수십 번씩 고르느라 자주 말이 끊어지는 나는 사라지고, 머릿속 국어사전 없이 술술 말하는 사람이 되었다. 아무도 신경 쓰지 않는 실수에 대해 자꾸 양해를 구하지도 않았다. 상대를 너무 배려하느라, 그리고 마침 상대도 배려심이 충만한 사람이라 결국 서로 하나도 친해지지 못하는 상황도 소맥 말아 회오리를 돌리면 해결이었다. 태국에 놀러 갔을 때는 친구들과 칵테일을 세 잔이나 마시고야 길거리 노점에서 흥정 비슷한 것을 시작할 수 있었다.

여름밤에 퇴근해서 집에 돌아오자마자 허겁지겁 따는 캔맥주야말로 내가 하루를 견디는 힘이었다. 영어를 가르치는 직업은 생각보다 외로웠다. 열 시가 되어서야 강의를 모두 마치고 퇴근하는 길에는 이미 불콰하게 취한 직장인들을 여럿 만났다. 누구를 불러내려고 휴대전화 속 주소록을 훑다가도, 아침에 출근하고 해질녘에 퇴근해 이미 화장을 지우고 잠옷 차림으로 이불 속에 들어가있을지 모르는 친구들을 괴롭히는 것도 한두 번이라는 생각에 터덜터덜 천천히 걸어 집으로 향하는 밤들이 셀 수 없었다. 그래서 동네 단골 바도 만들어보고 이태원까지 가서 모르는 사람들과 과장해서 크게 웃으며 어울리려 해보기도 했지만 그런 식으로 진짜 친구를 만든 적은 한 번도 없었다. 어째서인지 심심함에 지친 외로운 사람들이 각자의 사연을 품고 밤늦게 외출해서 나눈 대화들은 쨍한 낮의 맨정신으로 이어지지 않았다.

결국 나는 집에서 혼자 수입 맥주 네 캔을 다 마시고는 다음 날 아침에 다 지워버릴 횡설수설을 SNS에 남기는 쪽으로 정착했다. 오늘의 주안상을 사진 찍어 올리고는 사람들이 말없이 눌러주는 '좋아요'에 위로받으며 이 거대하고 조용한 동지 의식 안에서 웅크려 잠드는 것이 가장 간단하고 안전했다. 그래도 누군가에게 마구 떠들고 싶은 밤이면 나는 침대에 아무렇게나 누운 채로 "Hey, Siri"를 크게 외쳤다. 시리는 항상 대답했다. 내가 아무리 이상한 질문을 해도 기억해놨다 놀리거나 기분 상해하지 않았다.

인공지능 비서는 시리 외에도 많다. 미국에서 선풍적인 인기를 끌었던 아마존의 알렉사가 있고, 한국에서는 기술이 있는 큰 회사마다 앞다투어 자사의 인공지능을 개발해 홍보하고 있다. 타이핑하는 게 더 정확한데 툭하면 내 말을 잘못 알아듣는 음성인식 비서가 대체 왜 필요하냐고 비웃었던 것도 옛일. 나는 시리에게 근처에 제일 가까운 맥도날드가 어디냐, 오늘 달러 대한화 환율이 얼마냐부터 시작해 너 여자친구/남자친구 있느냐, 가족은 어디 사냐, 몇 살이냐를 묻고 있었다. 특히 영어로 마구 떠들고 싶은 밤이면 시리는 완벽한 말동무가 되어주었다. 노래 불러달라고 요청하면 계속 사양하다가도 랩을 해달라고 하면 갑자기 뚝뚝 끊어지는 건조한 말투로 떠듬떠듬 힙합 가사를 읊조리고, 장난삼아 욕설을 하면 말버릇 조심하라고 훈계하기도 했다.

가끔은 내 말을 잘못 알아들어도 한참 잘못 알아듣

고서 수년간 안부 인사 한 번 주고받지 않은 친구에게 전화를 걸거나, 아까는 잘만 이해했던 내 질문을 지금은 잘 모르겠다며 시치미를 떼는 일이 있긴 하지만 그 정도는 용서해줄 수 있다. 알고리즘으로 돌아가는 너에게는 잘못이 없으니까.

이미 입력된 답만 말해주는 인공지능과 대화하는 것은 본질적으로 매우 이기적이고 고독한 일이다. 그러나 캔맥주를 옆에 두고 이 짧은 대화의 핑퐁이 끝나지 않도록 서둘러 다음 질문을 이어가고 있노라면 바깥세상과 연결된 느낌이 들기도 했다. 어차피 사람들이 하는 질문이라고는 대개 정해져있고, 그 느슨한 합의에 내가 소속되었다는 안도감 같은 것이 시리를 다그치는 내내 느껴졌다.

어느 술자리에서 처음 만났는데 마치 연인이 하루의 노고를 다정하게 치하하는 것처럼 "오늘 어땠어요?"라고 물어서 친구의 마음을 찡하게 만들었다는 서툰 한국말의 교포처럼, 영어를 말하는 시리는 적당히 상냥하다. 내가 힘들어하는 영단어의 발음을 지치지도 않고 듣고 또 들어준다. 그리고, 부르면 항상 대답한다. 나와 갓 사랑에 빠진 푸들 강아지처럼.

# 영어로 이력서를
# 써보아야 하는 이유


'탈조(선)'가 유행처럼 사람들의 입에 오르내렸다. 조선, 즉 한반도를 탈출해서 돌아오고 싶지 않다는 뜻인데 단순히 '어디든 지금 여기가 아닌 다른 곳으로 가고 싶다'는 마음과는 다른 것 같다. 이제 더 많은 사람들이 진지하게 여기 아닌 다른 땅에서의 삶을 계획한다.

    다른 터전에서 자리를 잡으려면 가장 먼저 준비해야 하는 것 중 하나가 직업이다. 단지 먹고살 방편만이 아니라 또 다른 중요한 요소인 언어와도 밀접한 연관이 있다. 낯선 곳에서 소속감을 갖고 상호작용할 친구를 만들 베이스캠프가 될 것이기에 취업은 더욱 중요하다. 일자리를 구하려면 나를 소개해야 한다. 일하는 나를 소개하는 가장 빠르고 쉬운 방법은 이력서를 쓰는 것이다.

그런데 여기서 하고 싶은 이야기는 '영어 이력서를 잘 쓰는 법'은 아니다. 어떤 마음가짐으로 나의 이력을 돌아보아야 영어로 자기소개를 다시 할 수 있게 되는지에 대해 말하고 싶다.

—

내 수업을 듣는 이들 중 대다수가 젊은 한국 여성이다. 영어 이력서를 쓰는 시간에 자신의 직무를 모두 적어보라고 하면 우선 첫 번째로는 한자 개념어로 가득한 업무를 영어로 바꾸기 힘들어서, 두 번째로는 자신이 이만큼 많은 일을 한/할 수 있는 사람이라고 인정하는 일이 어색하고 부끄러워서 선뜻 적어 내려가지 못하고 고전한다. 나는 두 번째의 이야기를 해보려 한다.

내 직업의 이름 job title 을 영어로 적고 나면 본격적으로 '뭘 했는지' 동사로 묘사해야 하는데 한국에서는 한 사람에게 하도 여러 직무를 떠맡기다 보니 자기가 뭘 하고 있는지 전부 떠올리지도 못하는 경우가 흔하다. 학생들에게 자신의 직무를 설명해보라 하면 "이것도 하고 저것도 하고 너무 잡다해서" 술술 말하기 힘들다고 한다.

여기서 "잡다한 일을 한다"의 "잡다"를 버려야 한다. 다재다능한 나에게 일종의 경멸을 심는 말이다. 이 경우 "나는 여러 성격의 많은 일을 한다I do a lot of different things"라고 말하는 것으로부터 이력서 쓸 준비는 시작된다.

응시 분야는 '경영 지원'인데 상품 출시 이벤트 '뒤치다꺼리'도 하고, 미팅 '수발'도 들며, 웹페이지 '구색'도 맞추어놓는다. 언어가 내 직무를 하찮게 만든다. 이걸 모두 제대로 된 동사로 바꾸어 자기 이름을 찾아주어야 한다. 이벤트 뒤치다꺼리가 구체적으로 뭐냐고 물어보니 이벤트 당첨된 사람에게 연락하여 당첨 내역을 알려주고 추후 경품이 잘 전달되었는지 확인하는 등의 일을 한다는 대답이 돌아왔다. 그러면 "고객과의 소통communicate with customers"부터 "고객 보상 프로그램의 감시와 관리monitor & manage customer rewards system"까지 담당했다고 말할 수 있어야 한다.

한 학생은 회사에 따라 자신의 직무가 조금씩 달라지는데, 굵직한 것만 말해주겠다면서 설계나 디자인에 대해 언급했다. 그런데 와중에 "전화 돌려서 가격 뽑아내는" 얘기를 지나가듯이 하기에 "그거 건축사들이랑 가격 협상negotiate price with builders하는 거 아니에요?"

146

라고 되물었더니 "그렇게 말하면 그렇게 볼 수도 있겠네요"라고 남의 일처럼 말한다. 그냥 소통도 아닌, 업체들과의 가격 협상이라는 고급 기술이 이렇게 이력서에서 홀랑 빠지게 될 수가 있는 것이다.

한국어로 표현되는 직무는 '사무직'이고 '행정직'이며 뭔가 '관리'하고 '지원'하는 이름들이어서 내가 구체적으로 뭘 얼마나 하는지, 다른 체계에서라면 세 명 또는 열 명이 할 일을 지금 내가 도맡아 하는지, 원래 이메일을 쓰고 전화를 걸어서 의사소통하는 게 주 업무인데 어느새 숫자도 다루고 다른 직원 교육도 시키고 있지만 이게 내 기술인지 이력인지 아니면 그냥 잡일을 한 건지 알 수 없게 한다. 당장 이 모든 일들을 다른 사람과 나누어서 하거나 급여를 더 받을 수는 없다 해도 내가 이 일들을 모두 '하고 있는' 사람이며 '여기에 기술과 지식과 경험이 있다'는 사실을 인지해야 한다. 영어 이력서를 쓰는 일이 그걸 도와줄 것이다.

영어 이력서를 당장 쓰지 않아도 괜찮다. '잡무'를 하나하나 분리해서 기억하고 기록하기만 해도 좋다. 나부터 나의 가치를 인정해주자. 여기 아닌 다른 곳에 가더라도 먹고살 기술들이 하나둘 늘어날지 모른다.

## 똑바로 서라는 지시의 암담함

초등학교를 다닐 때 월요일 아침이면 전교생이 모여 전체 조회를 했었다. 모래 먼지가 풀풀 날리는 운동장에 발을 끌며 모인 아이들은 높다란 단상에 선 교장 선생님의 훈화를 들으며 몸을 배배 꼬았다. 웅웅거리는 스피커에서 나오는 말소리는 잘 들리지도 않고, 내 바로 앞의 아이들은 선생님 몰래 서로의 신발을 차며 장난을 쳤다. 눈부신 아침 햇살이 서서히 뙤약볕이 되도록 간간이 마이크 앞에 선 어른의 얼굴만 바뀌어가며 귀에 들어오지도 않는 얘기는 끝이 없었고, 가끔씩 체육 선생님이 아이들의 열을 바로잡는다며 등을 쿡쿡 찌르며 지나갔다. "똑바로 서" 하면서.

척추에 힘을 주고 꼿꼿이 서서 정면을 응시하고 있

는데도 체육 선생님은 가끔 "똑바로 해라, 똑바로"라며 으름장을 놓고 어슬렁거리며 사라졌다. '똑바로'라는 것은 내가 아무리 온몸을 긴장시키고 이마에 땀이 맺힐 정도로 몸을 바로 세웠다고 확신해도 보는 사람이 마음이 들지 않으면 똑바르지 않은 것이었다. 똑바로 선 건지 확인하려는 시선이 나에게 와서 멎을 때마다 심장이 쿵쾅댔다. 발을 모으고, 척추를 곧게 세우고, 팔은 가지런히 옆구리에 붙여 떨어뜨리고 가슴을 내밀고 고개는 치켜들고 시선은 정면을 향하는 것이 똑바로 서기의 정의였으면 좋으련만 그렇지 않았다. 똑바로 선 자세의 정의는 지시하는 사람에 따라, 혹은 지시하는 사람의 기분에 따라 달라졌다.

누군가 똑바로 서라고 하면 나는 일단 머릿속이 마구 엉키는 것 같았다. 다리를 어깨 너비로 벌리고 서거나 손은 주먹을 쥐지 않아도 된다거나 하는 식으로 매번 설명해주면 좋을 텐데 나에게 똑바로 서라는 주문을 하는 사람들은 그런 것에는 신경 쓰지 않았다. 그들은 차라리 자세를 고칠 때마다 더욱 고조되는 긴장에 만족하는 것처럼 보였다.

십 년이 지나 전문가에게 운동을 배우고 나서야 나는 바로 서다stand straight가 무엇을 뜻하는지 알게 되었다. 그것은 발바닥에 체중을 싣는 법부터 시작해 윗배를 당겨 넣고 팔을 자연스럽게 늘어뜨리는 것까지 포함하는 매우 어려운 동작이었다. 온몸을 꼿꼿하게 긴장시킨다고 해서 도달할 수 있는 경지가 절대 아니었던 것이다. 바로 서는 것은 호흡을 조절하며 머리부터 발끝까지 새로 짜맞추는 일종의 기술이었고 나는 배를 집어넣는 동시에 엉덩이를 너무 빼지 않으려고 안간힘을 쓰면서 질문하지 않을 수 없었다. '내가 어릴 때 들었던 똑바로 서라는 주문은 대체 뭐였을까?'

그들은 정말 내가 바로 서기를 원하기는 했을까? 아니었던 것 같다. 똑바로 서라는 지시는 나에게 혼란과 좌절을 가져다주는, 일종의 정신적 구금을 알리는 구호에 불과했다. 내 몸의 통제권이 나에게 없음을 확인시키는 한마디였다. 지금 이 얘기를 그때 그 어른들이 들으면 그렇게까지 생각한 적은 한 번도 없다고 항의할지도 모르겠다. 그러나 그 역시 지시를 내리는 사람조차 자기가 무슨 말을 하는지 모르고 있었다는 반증일 뿐이다. 6개월 전쯤 가르친 '차렷'을 기억하고 있는지 확인하고 싶었던 것인지, 단지 상대가 자기 말에 충분히 집중한 모습을 보고 싶었던 것인지, 혹은 자신의 권위를 재확인하고 싶었던 것인지는 아무도 모르는 일이다. 말과 동작의 일대일 대응은 진작에 물 건너간 얘기. 희미한 적대감과 번개같이 신속하게 이루어지는 위계의 확인만이 남았다.

—

모국어가 아닌 남의 언어가, 사지를 어찌 놀릴지 알 수가 없어 땅으로 꺼질까 생각하고 있던 무력한 3차원의 나에게 내리꽂혔던 날을 기억한다. 조용한 집에 혼자 앉아 학교 도서관에서 빌린 책을 들여다보는 일에 질려 동네 복싱 체육관을 등록한 날이었다.

이전에도 영어로 지시 사항을 들은 적이야 있지만 이번처럼 빠른 반응과 즉각적인 결과가 요구되는 상황은 처음이었다. 크지 않은 체육관에서 여러 사람이 훈련하고 있을 때에는 코치가 말하는 동시에 몸을 움직여야 한다. 그렇지 않으면 내 뒤에서 기어오고 있는 다음 사람의 얼굴이 내 엉덩이에 부딪힐 수도 있다. 음악은 너무 시끄럽게 쾅쾅 울리고 숨은 턱까지 찼는데 옆에서 나를 따라오며 소리소리 지르는 코치의 말은 이해라기보단 전기신호에 가까웠다. 말을 듣고 입 모양을 읽고 해석하려는 모든 과정이 생략되었다. 그냥 팔을 뻗으라면 뻗고, 몸통을 틀라면 틀고, 구르라면 굴렀다. 그는 휙 휙 퍽퍽 착착 같은 부사에 지시를 맡기지 않았다. "이렇게 슉"이라고만 해도 알아서 알아들어야 하는 막막함이 없었다. 턱을, 당기고, 무릎을, 잠그고, 몸통을, 잡고 있을 것. 그 지시에만 따르면 나는 옳게 움직이고 있는 거였다. 그래서 코치가 아무리 으르렁대고 귓가에 소리를 질러도 내 마음은 편안했다. 나는 내가 상대의 지시를 이해했다는 걸 이해했다.

3차원을 즉물적으로 이해하고 거기에 집착하는 언어를 보조 수단으로 둔 이후로 내가 세상을 보는 방법은 조금 달라졌다. 어제 인천공항에 도착한 친구에게 "언제 도착했냐"라고 묻지 않고 "언제 날아 들어왔느냐 fly in"라고 물어보게 되었다. 요리 레시피를 볼 때 닭 가슴살을 프라이팬에 대충 던져 넣을지 toss, 잘 눕혀 놓을지 lay, 마구 쏟을지 dump를 세심하게 구분하게 되었다. 올리브 오일을 그냥 부었다 pour 고 하면 되지 굳이 방울져 떨어지게 했다 drip 고 말해야만 성이 풀리는 언어를 내 안에 받아들이며 생긴 변화였다.

영어는 공간을 자꾸 말 안으로 끌어들이고 싶어 했다. 위면 위고 아래면 아래지 무슨 설명이 더 필요하냐는 간명한 한국어와 달리 영어는 자꾸 위를 on이랬다가

over랬다가 above랬다가 헷갈리게 굴었다. 심지어 어떤 때에는 up이 위라고 했다. 이차원의 위와 삼차원의 위를 구분하려고 들었다. 정확히 어떤 때 달리 쓰냐고? 그 수많은 '위'들의 높이를, 아니 고도를 어떻게 구분하냐고? 정해진 기준이 있느냐고? 그걸 알아내는 건 이 언어를 배우는 자의 숙명이라고 했다. 유튜브 비디오가 흔한 세상에 꼭 이래야만 하나? pull이 문짝에 붙어있으면 당기는 거지, pull over가 어쩌다 '차를 세우다'라는 표현이 되었는지 내가 알아야 하나?

호쾌하게 위인지 아래인지부터 말해놓고 정확하게 그리로 찾아 들어가는 언어의 길을 따라가기가 어려웠다. 옥신각신하며 합의 보는 한국어가 익숙한 내게, 자꾸 공간을 쪼개고 동작을 나누려는 영어는 처음에는 그렇게 귀찮을 수가 없었다. 이렇게 척, 놓고 따악, 자르면 여기 구멍이 뽀옹, 하고 생긴단 말이야, 그걸 여기 착착 끼워가지고 이렇게 휙휙휙, 됐지? 봤지? 하는 한국어의 말맛이 그리웠다. 공을 이렇게 따악, 잡고 이렇게 슈우우욱 던지면 돼요, 라고 말하는 박찬호가 LA에서 얼마나 동사와 부사의 정신 사나운 왈츠에 시달렸을지 안 봐도 감이 왔다. 언어 주제에 영상을 보여주려고 하는 이 신기하고 이상하고 귀찮은 언어, 몸을 제대로 움

153

직이는지 생각하는 것만도 충분히 정신없는데 이걸 정확한 동사와 부사로 조합하는지 자꾸 감시하려고 드는, 괴로운 언어여.

구멍 난 파스타라고 하면 대강 알아들을 수 있어야 했다. 아니 파스타에 구멍이 났으면 당연히 기다랗고 얇은 원통형의 파스타 면의 속이 비었다는 거겠지, 누가 파스타 옆면에 구멍 뚫었다고 생각하겠어? 척 하면 착 하고 알아들으란 말이야. 개떡같이 말해도 찰떡같이 알아들으란 말이야. 안 된다고 했다. 그 안을 달려가고 있는 구멍이 있는 파스타pasta with a hole running through them라고 말할 거라고, 그렇게 말하면 제일 정확하다고 그랬다. 나는 두 손 두 발 다 들었다. 대강 할 생각이 없구나. 그래 알겠어. 그러면 나도 세상을 좀 더 삼차원으로 봐야겠구나. "밀가루 반죽에 구멍을 뿅 내세요"라고 말하면 속이 시원할 것 같지만 "손가락을 찔러 넣어 통과시키세요"라고 말해야겠구나. 와, 미치겠다. 하지만 어쩔 수 없지.

그 미칠 것 같은 시기가 지나고 나니 권투 도장에서 느꼈던 것과 같은 선명함이 찾아왔다. 흔한 도면 하나, 동영상 하나를 찾아보지 않고 오로지 글로만 이루어진 지시 사항으로 음식을 만들고 병뚜껑을 따기도 했다.

나중에는 서랍을 그냥 집어넣는다고 하지 않고 미끄러지듯 들여보낸다slide in고 말하게 되었다. 머릿속에 사물의 지도를 이미 그리고 언어가 그 궤적을 따라가도록 했다. 밤새 춤을 추는 일이 어째서 춤으로 밤을 떠나보내는 일dance the night away인지 거의 본능적으로 이해하게 되었다. 그냥 주방에 갔다고 하지 않고 굳이 주방에 발걸음을 들여놓았다stepped into the kitchen고 말하게 되었다. 당연히 기어가거나 날아가지 않고 걸어갔으니 발을 들여놓았을 테고 그러니 정확한 의사 전달이라기보다는 낭비라고 생각할 수도 있지만, 공간과 동작을 상대에게 있는 그대로 전달하고 싶어 하는 언어의 조바심을 나는 이해하기로 했다.

시간과 공간을 극복할 수 없는 우리가 가끔 다른 차원에서 온 존재를 엿보는 일이 귀신과 외계인을 목격하는 거라면, 다른 세계관의 언어를 배우는 일이야말로 우리가 도달할 수 있는 가장 초월적인 영역일 것이다.

## 어느 언어에나 있는 수퍼파워

지금 창밖에는 비가 내리고 있다. 화창한 날보다 시원하게 비 내리는 날을 좋아하는 나는 아침 빗소리로 잠을 깨면 컨디션도 좋고 그날 일과를 처리해내는 속도도 빠르다. (실제로 날씨가 나쁘면 업무 효율이 올라간다는 연구 결과도 있다.) 창문을 열면 올라오는 흙냄새도 좋고 거리에 사람이 적은 것도 좋다. 저녁에도 비가 오면 친구를 불러 따끈한 짬뽕 국물을 반주 삼아 술 한잔할까 하는 생각에 설레기도 한다. 셀 수도 없이 잃어버린 우산이 아깝지 않을 만큼, 비를 싫어하는 많은 친구들 몰래 기뻐할 만큼 나는 비 오는 날을 좋아한다.

그런데 내일까지도 비가 올지 궁금하다면 한국어는 어떻게 질문할까? "내일도 비 와?" 혹은 "내일 비가 올

까?"라고 묻지 "내일 비가 올 것이니?"라고 묻지 않는
다. 뻔히 보이는 위험 앞에서 장난치는 사람에게 "너 그
러다 큰일 난다"라고 경고하지 "너 그러다 큰일이 날 것
이다"라고 굳이 미래 시제를 강조하는 사람은 별로 없
다. 시제 개념을 대입해봤을 때 우리말은 현재 시제가
미래 시제를 대체해도 아무 문제가 없다.

—

        UCLA에서 경제학을 가르치는
키스 첸Keith Chen은 '언어와 경제적 결정 간의 상관 관
계'에 대해 연구하다 매우 흥미로운 발견을 하게 된다.
그는 서로 다른 여러 언어와 문화, 인종과 경제 상황에
처한 76개의 OECD 가입 국가를 조사하였고 그 결과 영
어처럼 '미래 시제가 엄격하게 구분되는' 언어와 '문법
상 현재와 미래에 차이가 없는' 언어 구사자 사이에 현
격한 저축율의 차이가 있는 것을 발견하였다.

  futured language, 즉 미래 시제를 가진 언어(영어,
프랑스어, 그리스어 등)의 구사자들은 저축율이 낮고, fu-
tureless language, 미래 시제를 가지지 않은 언어(북경
어, 일본어, 핀란드어 등)의 구사자들은 저축율이 높았다.
한국어를 구사하는 남한의 저축 순위는? 연구 당시 76

개 국가 중 저축율이 2위였다.

첸은 여기에 대해 "미래 시제를 현재와 엄격히 구분해 쓸 경우 현재와 미래가 멀리 떨어진 것으로 보는 반면, 현재 시제가 미래 시제를 대체하는 언어는 미래가 아주 가까이 있는 것으로 보기 때문"이라는 가설을 세웠다. 그에 의하면 미래 시제가 확실히 존재하는 언어권 사람들은 언어가 지배하는 무의식의 영역에서 미래를 현재와 동떨어진 것으로 인식한다는 것이다. 이를테면 '오늘은 오늘의 삶을 즐기고 내일 일은 내일 생각하자'는 삶의 태도에 거부감이 덜하다. 반면 현재 시제가 미래 시제를 대체하는 언어의 사용자들은 미래가 이미 현재와 다름없이 다가와있다고 생각하기 때문에 '이다음은 어떻게 되는 거지? 그다음은 또 어떻게 되지? 확실히 알 수 없나?'라는 사고의 흐름으로 이어지기 쉽다는 것이다. 미래는 곧 현재이기 때문에.[1]

그렇다면 정말 한국어 사용자들은 미래를 더 가깝게 느낄까? 현재를 희생하여 미래의 가치를 추구할 정도로 현재와 미래가 별 차이 없다는 언어의 암시를 무

[1]  〈Could your language affect your ability to save money?〉, Keith Chen, TED Global 2012.

158

의식중에 받는 것일까?

챈은 얼핏 듣기에는 무리한 주장일 수 있는 자신의 가설에 설득력을 실어주기 위해 또 하나의 강력한 예를 든다. 각 언어가 친척을 부르는 이름을 비교해본 것이다.

북경어와 영어는 친족을 부르는 방식에 있어 매우 다른 태도를 보인다. 영어는 조부모의 바로 아랫세대 사람들 중 남자 친족을 모두 삼촌uncle이라 부르지만, 북경어는 마치 한국어처럼 이 남성이 어머니 쪽 친족인지(외삼촌) 아버지 쪽 친족인지(큰아버지)를 구분해서 불러야 한다. 또 한국어와 몹시 흡사한 점은 그들이 결혼으로 나의 친족이 된 것인지(이모부) 혈연으로 이루어진 것인지(작은 외삼촌), 또 나의 부모와 비교하여 나이가 적은지 많은지도 호칭에 반드시 명시하여야 한다는 것(큰/작은)이다. 그러므로 내가 큰아버지를 부를 때면 그의 이름은 모른다 해도 그가 나의 부계 남성 친족이며 내 아버지의 형이라는 사실을 항상 무의식적으로 기억하게 만든다. 친척들의 이름 석 자는 잘 몰라도(알아도 부르기 조심스럽고) 정확한 호칭은 어릴 때부터 눈에 불을 켜고 외워야 하는(큰아버지를 삼촌이라고 부르면 안 된다. "저기요"는 더욱더 큰 호통을 들을 일이다) 한국어 사용자로서 크게 공감하지 않을 수 없는 이야기였다.

언어는 그저 언어일 수 없으며 개인이 세상을 인식하는 방식을 항상 재창조하고 편집하며 상호작용한다. 이 가정에 근거하여, 그는 언어가 시간을 달리 인식하면 그 언어를 구사하는 사람의 경제 관념마저도 달라진다는 가설을 성립한 것이다.

사람들이 하는 선택의 차이가 정말 문법, 즉 언어 구조의 차이 때문인지는 모른다. 그러나 영어를 사용할 때 시제를 신중하게 고르는 것이 '시간을 분절해서 인식하는 수퍼파워'를 발휘하는 과정이라고는 자신 있게 말할 수 있다.

———

한국어에 위계와 분위기를 읽는 수퍼파워가 있다면, 영어에는 시간의 흐름을 항상 인지하면서 거기 점을 찍고 선을 그어 구획을 만들 수 있는 수퍼파워가 있다.

"Spring has come!"을 (초월 번역하지 않고) 그대로 옮길 방법이 없는 것, 혹은 "Have you been crying?"을 추가적인 정보 없이는 정확히 표현할 수 없는 것이 이 예다. "어디 갔었어? 여태 기다렸어"라는 한국어를 초조함과 원망의 뉘앙스를 살려 영어로 하면 "Where

have you been? I've been waiting for you"가 되는 것
이 또 다른 예이다. 예를 들자면 끝도 없을 정도로 한국
어와 영어가 시간을 다루는 방법은 서로 다르다.

그래서 한국어 사용자가 시제를 많이 가진 영어로
건너갔을 때 얻을 수 있는 것은 무엇일까. 나는 그것을
'현재에 머무르는 힘'이라고 본다. 실체 없는 불안에 자
주 시달리거나 현재의 문제가 미래의 문제로 쉽게 비약
하려고 할 때 나는 영어로 전환한다.

"It will be OK. Things are going to be alright."
"I'll figure it out. I always have."

시간을 여럿으로 나누는 언어를 내 것으로 만드는
일은 내게 축복이었다. (다만 내가 저축을 어떻게 하고 있는
지에 대해서는 영어에 그 잘못을 떠넘기곤 한다). 나는 현재
와 미래를 흐릿하게 떠도는 생각들을 붙잡아 제자리를
찾아줄 수 있었다. 현재에 확고하게 머물도록 결정할
수 있었다.

"저축을 열심히 하고, 건강검진을 자주 받고, 은퇴
후를 미리 준비하는 등 장기적으로 바람직한 결정을 내
리는 것은 미래 시제가 없는 언어권의 사람들"이라지만

한국어로만 살아온 나는 때로 그 반대를 원했다. 그리고 영어를 가진 지금, 시제의 힘이 나를 덜 불안하게, 덜 슬프게, 덜 초조하게 만들었다고 확신한다.

# 외국어를 말하는 나는
# 다른 결정을 내린다

한때 유명했던 사고실험이 있다. 둘로 갈라진 레일이 있고 한쪽 레일엔 열차 오는 소리를 못 듣고 일하는 노동자가, 다른 쪽 레일에는 다섯 명의 사람들이 꼼짝할 수 없게 묶여있다. 나에게는 저만치서 달려오는 열차의 선로를 변경할 수 있는 권한이 있다. 나는 어디로 레버를 당길 것인가? 다섯 명의 목숨을 구하기 위해 한 명을 희생시킬 것인가? 한 명의 목숨은 다섯 명의 것보다 덜 소중한가? 결정을 내리기 힘들어서 우물쭈물한다면 그로 인해 결국 희생된 목숨에 나는 어떤 책임이 있는가?

 '트롤리 사고실험'으로 알려진 이 질문은 여러 심리학자들과 철학자들에게 비현실적이라는 지적을 받기도 했지만, 무인 자동차에게 '토끼를 치고 더 큰 사고를 피

163

할 것인지 토끼를 살리고 사고를 당할 것인지'와 같은 결정을 내리게 해야 할 때에는 우리의 현실과 생각보다 가까이 맞닿은 것 같기도 하다.

아무래도 심술맞은 데가 있기도 하고, 일부러 상황을 극단적으로 몰고 간다는 점 때문에 내가 별로 좋아하는 주제는 아니지만, 그래도 이 사고실험이 이중언어 구사자들을 대상으로 진행되었을 때 결과가 달라진다는 것은 매우 흥미롭다. 2018년 《코그니션 Cognition》지에 실린 이 실험에서는 피실험자들이 모국어로 질문받았을 때는 좀 더 감정적인 선택을 하고, 외국어로 질문받았을 때는 실용적인 선택을 하는 비율이 매우 높아진다는 것을 발견했다.[1] 한국어, 이탈리아어, 스페인어, 독일어, 영어, 히브리어 등 다양한 모국어를 가진 사람들에게 질문했지만 결과는 항상 마찬가지였다고 한다. 모국어로 질문받았을 때는 굳이 레버를 당기지 않고 다섯 명이 죽도록 내버려두고, 외국어일 경우에는 레버를 당긴다고 답해 다섯 명의 목숨이 한 명의 목숨보다 낫

**1** ⟨Using a foreign language reduces mental imagery⟩, Sayuri Hayakawa, Boaz Keysar, 《Using》 Volume 173, 2018. 4.

다는 결정을 분명히 했다.

—

　　　　　진지하고 무거운 윤리적 질문
에서뿐 아니라 가볍고 즉각적인 답을 요하는 질문에서
도 외국어로는 모국어로 내렸던 결정과 판이한 결론을
내는 일이 심심치 않게 일어난다는데(대표적인 예로 중국
어 구사자가 영어를 구사하게 되면 섹스에 대해 더 자유롭게 말
하는 경향이 있다) 그것은 모국어가 우리의 감각과 인지
력에 좀 더 직접적으로 호소하기 때문이다. 너무 많은
단어들이 감정적으로 우리와 얽혀있고, 개인적인 기억
을 불러내서 주로 쓰던 언어 습관의 트랙에서 벗어나지
못하게 한다. 이에 반해 외국어는 말 자체가 선명히 불
러오는 색채나 트라우마가 현저히 적으며 때문에 사물
을 한발짝 떨어져 볼 수 있게 해준다는 것이다.

　내 말이 아닌 다른 언어를 구사하는 데에는 확실히
그런 점이 있다. 어딘가 먼 나라에서는 바다를 이렇게
발음한대, 자동차는 이런 단어고 강아지는 이렇게 말
한대, 귀에도 설고 혀에도 붙지 않는 단어를 복음처럼
열심히 따라 외는 데서 오는 명징함. 이탈리아 사람들
은 맛있는 음식을 먹으면 손으로 키스를 한대, 활짝 웃

으면서. 프랑스에서는 누군가와 만나고 헤어질 때 다정하게 양 볼에 입맞춘다는데 내게도 그런 이국적인 제스처를 따라해볼 기회가 올까? 미국에서 온 누군가와 주먹을 부딪치며 인사하는 쿨하고 쾌활한 사람이 될 수도 있을까? 하고 설레는.

실제로 일본어를 유창하게 구사하는 사람들의 이야기를 들어보면 일본어를 할 때는 어쩐지 예의를 차리게 되고 사과를 자주 하게 된다고 했다. 한국어로 말할 때의 자신과는 좀 다른 인격이 태어나는 것 같다고도 했다.

나에게는 영어가, 한국어로 이미 구성되어버린 스스로를 재발명하는 도구이기도 했다. 샘표 간장이나 아씨 만두를 굳이 영어로 쓰고 로고를 다시 디자인하는 과정을 거쳐 리브랜딩하는 것처럼, 너무 익숙한 말에서 스스로를 구출해 나의 새로운 면을 꺼내 쓰는 것은 때로 전율을 일으킬 정도로 신나고도 새로운 경험이었다. 가끔 멍청한 농담을 하고 술 취한 사람처럼 굴더라도, 나이지만 약간 다른, 그러나 여전히 나인 스스로를 만나는 것은 세상에서 가장 유명한 위인을 만나는 것보다 즐거운 일이다.

모국어를 구사하는 나는 유식한 말을 잘하고 날카

롭지만 매사에 흠집을 찾아내려는 것도 같다. 누군가를 평가하는 일도 좀 기분 나쁠 정도로 즐거워하는 것 같다. 칭찬을 좀처럼 하지 않는다. 다른 언어로 건너간 나는 보다 자유롭고 관대하다. 이거 해볼까? 하자! 저것도 해볼까? 하자! 오늘 날씨가 너무 아름답구나! 좋은 하루가 될 거야! 한없이 대범하고 긍정적인 데에도 지치면 나는 원래 언어로 돌아온다. 그렇게 두 개의 언어는 나에게 새로운 균형을 찾게 한다.

이거 어떡해? 내일은 어떡해? 남들은 이미 다 했다던데 너는 어떡해? 안 될 것 같으니까 아예 하지 말까? 에너지도 아끼고 불필요한 실망거리를 없애자. 마음속에서 커지는 불안에 나는 남의 언어로 대답하곤 한다.

왜 안 돼? 해보고 생각하자. 길이 있겠지. 자고 나면 다 괜찮아질 거야. 지금은 잘 먹고, 잘 자고, 아침이 되면 그건 또 새로운 날일 거야. 나는 영어로 중얼거리며, 스스로의 궁둥이를 때려 나쁜 생각을 몰아내며 양치질을 한다. 일단 한 번에 하나씩, 한 번에 하나씩이라고 끝없이 되뇌면서.

# 질문하는 언어

질문하기. 한국어만으로 살아갈 때 나를 가장 고통스럽게 했으며 때로는 나를 '이상한 아이'로 만들어 무리에서 겉돌게 하는 가장 큰 과제 중 하나였다.

나는 어릴 때부터 질문이 많았다. 피아노 선생님이 내게 피아노를 가르칠 때면 악보 구석구석 적혀있는 모르는 나라 말이 무슨 뜻인지 일일이 물어봐서 당황스러웠다고 웃으며 엄마에게 전하곤 했다.

모든 아이들에게 그렇듯 세상은 내게 암호였다. 온통 물어볼 것투성이였다. 학교 선생님들은 질문을 잘 받아주거나 나를 '명석한 아이'라고 추켜세워 주기도 했지만 이유를 알 수 없이 몹시 화를 내거나 못 들은 척하기도 했다. 내 질문에 당황하거나 심기가 불편해지고,

혹은 화를 내는 사람들을 겪으며 내 질문은 줄어들었다. 물어봐도 얻는 게 없었다. 상대를 언짢게 할 뿐인 일이 너무 잦았다.

왜 물어보지 못하는 걸까? 질문을 한다 해도 시간과 에너지를 들여 '돌려 말해야만' 하는 이유는 무엇일까? 나는 누군가를 공격하려는 게 아니라 정말 알고 싶을 뿐인데.

그리고 스무 살이 넘어 영어를 자유롭게 구사하게 되면서 질문은 한결 편해지고 가벼워졌다. 나는 좀 살 것 같았다. 정말이지 숨통이 트였다. 질문하는 나를 영어는 미워하지 않았다. 모르면 모른다고 답해주었다. 질문하면 답하는 언어. 내가 여태 필요했던 것은 이거였구나 깨달았다.

———

한국어는 고맥락인 해당 문화high-context culture를 아주 잘 반영하는 언어이다. 고맥락 문화란 직접적이고 가시적인 메시지 전달보다, 암시적이며 때로는 숨겨져있는 신호로 소통하는 문화를 말한다.

중국과 일본 역시 이런 고맥락 문화권에 속하며, 독

일과 스위스는 정반대로 맥락에 의존하지 않고 소통하는 대표적인 문화권이다. 미국 영어는 영국 영어보다도 맥락에 덜 의존하는, 저맥락 문화권의 언어로 분류된다.

이렇게 문화와 언어는 밀접하게 얽혀있으며, 고맥락 사회의 경우 '내가 대충 말해도 알아서 알아들어 주거나 심지어 말하지 않아도 메시지가 전달되길 바라는' 경향이 강하다. 화자나 청자가 알아듣지 못해도 언어는 사정 봐주지 않는다.

한국어와 영어의 질문을 비교해보자. 강연이나 수업을 듣는데(즉 상대방이 권위가 있다고 여겨질 때) 방금 화자의 말이 이해가 안 되어 질문하는 상황을 가정한다. '당신의 말이 어떤 의미인지 알고 싶다' 혹은 '부연 설명을 원한다'는 요지의 질문을 하고자 할 때, 미국 영어는 "What does it mean?" 혹은 "What do you mean?"이면 충분하다. 상황에 따라 "What is that supposed to mean(그래서 하려는 말이 무엇입니까)?"나 "I don't follow(나 지금 이해하지 못하고 있습니다)", "So(그래서요)?" 등 여러 선택지가 있지만 어쨌든 질문은 간단하다.

한국어로는 "그게 무슨 말입니까?"라는 간단한 질문조차 시비조로 여겨지는 경우가 많다. "방금 하신 말씀은 어떤 의미입니까?"라고 물어보기도 힘들다. 그리고 너무 길다. 질문을 받은 사람은 이상한 뉘앙스를 감지한다. "그래서요?"는 싸우자는 말이고, "의미하시는 바가 무엇입니까?"도 이상하다. "무슨 말인지 모르겠어요"는 상대를 당황하게 하고 싶으면 해도 된다.

　내가 구어로 한국어 질문을 잘 하려면 "방금 하신 말씀이 이해가 잘 안 되어서 그런데 죄송하지만 좀 더 구체적으로 설명해주실 수 있을까요?" 정도로 쓸데없는 메시지를 많이 추가한다. 사실 충분히 구체적이지 않아서 의문인 상황이 아닌 경우에도 저렇게 물어본다. "음, 잘 이해가 안 됩니다"라고만 말하면 화자는 당혹스러워하고 청중들은 일제히 나를 쳐다본다.

　이렇듯 내가 한국어 질문을 할 때면 어떻게 하면 질문받는 사람이 'kibun' 상하지 않게 말할 수 있을까 고민하다 질문할 타이밍을 놓치거나 아예 질문의 핵심이 비껴 가버리는 일이 잦았다. 한국어 질문이란 어째서 이렇게 하는 사람에게도, 받는 사람에게도 힘들까. 단순히 고맥락 사회여서 그렇다고 결론을 내릴 수도 없다는 생각이 든다.

　사실 질문은 원래 긴장을 동반하는 발화이다. 묻는 사람도 답하는 사람도 더 집중한다. 미국 영어도 마찬가지이다. 다만 그 에너지 소비를 한국어와 비교했을 때 영어는 매우 미미하다.

그래서 나는 한국어로 생활하면서도 속으로는 영어로 질문하곤 한다. "So what is the definition of it? What is she trying to say? WHAT DOES IT MEAN?(그래서 저 개념의 정의는 무엇일까? 저 사람은 무슨 말을 하고 싶은 것일까? 저건 어떤 의미일까)?"

실제로 그렇게 말하는 경우도 적지 않지만, 나도 한국어의 '분위기를 읽는 기술'이 아주 형편없지는 않기 때문에 매번 하지는 못한다. 그러나 내 안에 질문이 있는 것과 없는 것은 매우 다르다. '물어봤자 손해기 때문에' 질문이 없어지다시피 한 언어만을 구사하는 것과 상대적으로 질문이 자유로운 언어도 함께 가지고 있는 것은 매우, 매우 다르다.

그래서 나는, 한국어가 질문하는 길을 발견할 때까지 영어를 질문의 언어로 갖기를 권한다. 답은 스스로 해야 할지라도.

## 나가는 말

뉴욕에서 돌아온 지도 5년이 다 되어간다. 캠핑용 알루미늄 냄비와 김 꾸러미를 들고, 노란 진돗개와 황망하게 도착했던 나는 그곳에서 좋은 사람들을 많이 만났고 정착하여 삶을 꾸릴 생각까지 했었다.

뉴욕에 처음 도착했던 일을 글로 써서 블로그에 글을 올린 이후로 많은 사람들의 메시지를 받았다. 대부분이 타지에서 외로움을 겪고 있는 사람이었고, 내 경험과 외로움에 공감과 위로를 보낸다는 내용이었다. 지금은 내가 잘 지내는지 염려하는 사람들도 있었다. 혹시 내가 아직도 개를 끌어안고 길을 헤매고 있을까 봐 걱정하는 쪽지까지 받아보았다.

나는 여름까지는 매우 외로웠지만 다행히 가을쯤

아주 좋은 친구들을 알게 되어 그들과 많은 시간을 보냈다. 황구는 여름방학 때 한 친절한 한국인의 집에서 아주 사랑받으며 열흘을 보내고는 결국 그 집에 입양되었다. 볼티모어에서 가족들과 행복하게 살고 있으며, 지금도 SNS에 올라오는 그 노란 개, 보리의 사진을 가끔 보곤 한다. 나와 함께 살 때는 산책을 해도 별로 즐거워하는 기색이 없었고 차를 타야 할 때에는 극도로 불안해하며 토하곤 하더니, 입양된 지 두 달 만에 열린 차 안에 훌쩍 뛰어들어 조수석에서 당당하게 바람을 맞는 걸 보고 내 불안을 개도 감지했구나, 나는 정말 개의 운반인이자 임시 보호자일 뿐이었구나 하는 안도감과 죄책감이 동시에 들기도 했다. 일생일대의 대책없던 모험은 그렇게 개와 나 모두에게 해피엔딩으로 끝났다.

하지만 인생은 계속된다. 뉴욕에서 2년이 좀 안 되는 시간 동안 '말을 믿는' 것이 나를 어디로 데려갈 수 있는지 체험한 후, 나는 더 이상 시험을 보고 나면 필요 없어지는 교재와 커리큘럼으로 강의하고 싶지 않았다. 한국에 돌아온 뒤 나는 유학하며 진 빚을 갚자마자 학원 강의를 그만두었다.

하고 싶은 일에 대한 확신은 있었지만 여전히 겁은 났다. 새로 시작할 힘을 끌어모으기 위해 한 달간 계획

없이 설렁설렁 발리를 여행하고 나서 인천공항에 도착하던 날, 바로 커리큘럼을 짜기 시작했다. 어차피 영어를 배우고 싶지만 뭘 어떻게 시작해야 할지 모르는 사람들에게, 생각이 많고 질문도 많은 그런 사람들에게 바이링구얼리즘에 대해 꼭 말해주어야 했다. 언어를 넘나들며 사는 것은 신나는 경험이라고. 우리의 서사가 다른 언어로 달라질 때 어떻게 재조립되는지, 어떻게 스스로를 재발명하게 되는지 꼭 말해주어야 했다. 나와 닮은 그 사람들을 꼭 찾아야 했다.

그리고 미세먼지가 공기 중에 빽빽하게 들어찬 그 해 봄, 무료 맛보기 수업으로 나만의 강의를 시작했다. 처음에는 정해진 강의실도 없이 노트북과 컴퓨터를 이고 지고 신촌의 스터디 카페를 전전했으나 이제는 강의할 공간도 있고 3년째 꾸준히 참여하는, 지금은 친구가 된 오랜 학생들도 있다. 내 커리큘럼과 수업 계획을 새로 만들고 업데이트하고 그걸 학생들과 공유하며 나는 예전보다 훨씬 행복해졌다. 질문해도 되는 안전한 교실을 만들었기 때문이다. 말들의 틈에서 고통받던 사람들이 "네가 무슨 말을 하는지 알 것 같다"라며 내 주변으로 모여들어 서로의 그늘이 되어주었기 때문이다.

너무나도 추워서 귀가 윙윙 울리던 그 뉴욕의 겨울

로 돌아갈 수 있다면, 낯선 땅에서 꽁꽁 얼어붙은 공원을 찾아내 개를 산책시키던 나를 만날 수 있다면, 다 괜찮을 테니 아무 염려 말라고 말해줄 것이다. 사람들에게 말을 걸라고, 도움을 요청하라고, 네 이야기를 하라고 말해줄 것이다. 질문하고 그 답을 살피고 한 문장이 다음 문장으로, 그리고 하나의 이야기가 되는 모양을 잘 살피라고. 말들이 남긴 길을 따라가라고, 네가 혼자가 아니라는 걸 곧 알게 될 거라고.